/ 100 位

为新中国成立作出突出贡献的英雄模范人物/

陈潭秋

胡云秋/编著

吉林出版集团｜吉林文史出版社

图书在版编目（CIP）数据

陈潭秋 / 胡云秋编著. -- 长春：吉林文史出版社，
2011.4（2024.5重印）
（100位为新中国成立作出突出贡献的英雄模范人物）
ISBN 978-7-5472-0540-2

Ⅰ．①陈… Ⅱ．①胡… Ⅲ．①陈潭秋（1896～1943）－
生平事迹 Ⅳ．①K827=6

中国版本图书馆CIP数据核字(2011)第050739号

陈潭秋

CHENTANQIU

编著/ 胡云秋

选题策划/ 王尔立　责任编辑/ 王尔立

装帧设计/ 韩璘

出版发行/ 吉林文史出版社

地址/ 长春市福祉大路5788号　邮编/ 130118

电话/ 0431-81629363　传真/ 0431-86037589

印刷/ 天津海德伟业印务有限公司

版次/ 2011年4月第1版 2024年5月第7次印刷

开本/ 640mm×920mm　1/16

印张/ 9　字数/ 100千

书号/ ISBN 978-7-5472-0540-2

定价/ 29.80元

《100位为新中国成立作出突出贡献的英雄模范人物》丛书

★★★★★

编 委 会

/100位

为新中国成立作出突出贡献的英雄模范人物/

八女投江	于化虎	小叶丹	马本斋	马立训	方志敏
毛泽民	毛泽覃	王尔琢	王尽美	王克勤	王若飞
邓 萍	邓中夏	邓恩铭	韦拔群	冯 平	卢德铭
叶 挺	叶成焕	左 权	诺尔曼·白求恩		任常伦
关向应	刘老庄连	刘伯坚	刘志丹	刘胡兰	吉鸿昌
向警予	寻淮洲	戎冠秀	朱 瑞	江上青	江竹筠
许继慎	阮啸仙	何叔衡	佟麟阁	吴运铎	吴焕先
张太雷	张自忠	张学良	张思德	旷继勋	李 白
李 林	李大钊	李公朴	李兆麟	李硕勋	杨 殷
杨子荣	杨开慧	杨虎城	杨靖宇	杨闇公	萧楚女
苏兆征	邹韬奋	陈延年	陈树湘	陈嘉庚	陈潭秋
冼星海	周文雍、陈铁军夫妇		周逸群	明德英	林祥谦
罗亦农	罗忠毅	罗炳辉	郑律成	恽代英	段德昌
贺 英	赵一曼	赵世炎	赵尚志	赵博生	赵登禹
闻一多	埃德加·斯诺		夏明翰	格里戈里·库里申科	
狼牙山五壮士		聂 耳	郭俊卿	钱壮飞	黄公略
彭 湃	彭雪枫	董存瑞	董振堂	谢子长	鲁 迅
蔡和森	戴安澜	瞿秋白			

前 言

　　每个人的心中都多少有一点英雄情结，都向往英雄、景仰英雄。也正因此，在中华人民共和国建国六十周年之际，由中央十一部委联合组织开展的"100 位为新中国成立作出突出贡献的英雄模范人物和 100 位新中国成立以来感动中国人物"的评选活动中，群众参与投票总数近一亿。这其中的每一张选票，都表达了人们对英雄模范的崇敬之情，寄托着对伟大祖国的美好祝福。

　　一个民族不能没有英雄，否则这个民族就不会强大。当国家危难之时，懦弱者选择了逃避、妥协甚至投降，英雄们却挺身而出，用热血捍卫民族的尊严，人民的幸福。在创立和建设新中国的伟大历程中，涌现出无数可歌可泣的英雄模范人物。他们之中，有为了民族独立和人民解放而英勇牺牲的革命先烈，有为了党和人民的事业而不懈奋斗的优秀共产党员，有在全民族抗战中顽强奋战、为国捐躯的爱国将士，有英勇杀敌的战斗英雄和革命群众，有积极从事进步活动的著名民主爱国人士和国际友人……他们是民族的脊梁、祖国的骄傲，是激励全体人民团结奋斗的精神力量。

　　《100 位为新中国成立作出突出贡献的英雄模范人物传记》丛书，就像一部星光璀璨的英雄谱，真实、完整地记录了英雄模范人物不平凡的一生，再现了他们非凡的人格魅力和精神世界。"头颅可断腹可剖"的铁血将军杨靖宇，"毫不利己，专门利人"的白求恩，"抗战军人之魂"张自忠，"砍头不要紧"的夏明翰，"俯首甘为孺子牛"的文化斗士鲁迅……一串串闪光的名字，一个个动人的故事，犹如群星闪烁，光耀中华。

　　如今，战火已熄，硝烟已散，英雄已逝，我们沐浴在和平的幸福之中。在和平年代，人们不会忘记为今日的和平浴血奋战的英雄们，英雄的故事永远不会结束。让我们用英雄的故事唤醒我们心中的激情，为中华民族的伟大复兴而奋斗。

生平简介

陈潭秋（1896-1943），男，汉族，湖北省黄冈县人，中共党员。

陈潭秋青年时代积极参加五四运动。1920年秋，他和董必武等在武汉成立了中国共产党早期组织。1921年7月出席党的"一大"。此后，先后任中共安源地委委员、武昌地委书记、湖北区委组织部长、江西省委书记、江苏省委组织部长、满洲省委书记、江苏省委秘书长等职，领导各地的工人运动、学生运动和兵运工作。1933年初夏，到中央苏区工作，任福建省委书记。1934年1月，在瑞金召开的中华苏维埃共和国第二次代表大会上，他被选为中央执行委员和中央政府粮食委员（即粮食部长）。红军长征后，他留在中央苏区坚持游击战争，任中共江西分局组织部长。1935年8月赴莫斯科参加共产国际第七次代表大会。后参加中国共产党驻共产国际代表团的工作。1939年9月，任中共中央驻新疆代表和八路军驻新疆办事处负责人。1942夏，盛世才公开走上反苏反共道路，党中央同意在新疆工作的共产党员全部撤离。陈潭秋把自己列入最后一批。1942年9月17日，陈潭秋被捕。敌人对他施以酷刑，逼迫他"脱党"，被他严词拒绝。1943年9月27日，陈潭秋被秘密杀害于狱中。

1896-1943
[CHENTANQIU]

◀ 陈潭秋

目 录 MULU

在中央组织部工作 / 066
在中央组织部任秘书,协助组织部长周恩来处理日常
事务。

33岁

主持满洲省委工作 / 068
受李立三"左"倾错误的影响,任满洲省委书记准备搞
武装暴动。不久,他积极参加了对李立三"左"倾错误
的批判。后在哈尔滨被捕入狱,判刑七年,1932年夏被
营救出狱,返回上海。

34-36岁

■从白区到中央苏区(1932 – 1935) / 073

任中共江苏省委秘书长 / 074
上海一·二八事变后,革命形势低落,他采取正确斗
争策略和办训练班,使上海的党组织和革命群众运动
不仅保存了革命力量,而且得到了发展。

36岁

到中央苏区工作 / 076
革命生涯,萍踪浪迹,行止不定。他写信给老家兄弟请
求寄养小孩,尽快赴苏区工作。

37岁

任中共福建省委书记 / 079
明确福建省委中心任务是扩大红军,征集粮食,推销
公债,搞好生产。

37岁

第一任粮食部长 / 081
当选粮食人民委员(即粮食部长),他采取征集和节约
"三升来捐助红军"运动,满足红军需要和保障群众利
益。

38岁

徐全直遇害 / 086
妻子在上海被捕,1934年2月在南京雨花台被杀害,他
万分悲痛。

38岁

最后的战斗 / 117

随着我党在新疆党员被盛世才集中迪化八户梁，与陈潭秋等人关进监狱，他敏锐感觉到最后战斗的时刻到来。在四十多天的审讯中，他揭穿敌人的种种阴谋，坚贞不屈同敌人进行英勇顽强的斗争。最后被敌人秘密杀害。

46-47岁

陈潭秋何等伟大的人物（代序）

　　陈潭秋是中共"一大"的参加者，是中国共产党的创始人，并为之奋斗一生。他的一生主要从事党的实际工作。无论在江城武汉，还是黄浦江畔、长白山下、中央苏区以及天山脚下的战斗中，他以独有的马克思主义眼光，勇敢坚定的革命精神，完成了党的任务。他以头脑清醒、胆识过人，无愧为高风亮节的一代革命伟人。

　　一代伟人，他具有很清醒的对马克思主义的认识。

　　1919 年 6 月，陈潭秋在上海读到介绍马克思主义的书刊，他如久旱逢甘露成了马克思主义的忠实追随者，自此一生为之奋斗。

　　他自觉运用马克思主义阶级分析方法。1924 年底他写出了《国民党底分析》一文。正确运用阶级分析的方法来认识国民党，纠正工作的错误，整顿组织，制定正确的政治路线，使他工作过的各地党组织得以保存，工农运动得到了发展。

　　他具有坚定的革命意志和实干精神。董必武曾说：潭秋一参加党就拼命干。大革命失败后，他为革命南北奔走，担任过江西、直顺、满洲、福建等省委书记，中华苏维埃临时中央粮食部长。中央红军长征后，他留存中央苏区坚持闽西南的游击战争。1935 年到莫斯科参加中共驻共产国际代表团工作。1939 年回国，任我党驻新疆代表并负责八路军驻新疆办事处工作。在以上的这些地方的工作中他革命意志坚定，工作认真实干，创造性地完成党交给的任务。其中两次被逮捕入狱，受到敌人严刑拷打，判刑四年，坐牢三年；在盛世才四十多天严酷审讯中，他始终英勇不屈，最后被敌人秘密杀害。

　　当时在新疆狱中的党员为悼念牺牲的烈士，曾集体创作了一首《追悼歌》，今天，当我们听到那悲壮的旋律，又像战鼓一样，催促我们前进：

　　　　我们的兄弟，

在前方为国把命拼。
我们全部的力量，
正在消灭民族敌人。
我们光荣的同志，
谁想到在抗战辽远的大后方，
还有丧心病狂的败类，
含血喷人，
暗害你们宝贵的生命！
你们临死不屈的意志，
将永远活在千百万人的心中！
瞑目吧！
光荣的同志！
你们的英名，
将永垂不朽！
他鼓励后继者的我们，
向黑暗作英勇的斗争！
瞑目吧！
光荣的同志！
你们的牺牲，
揭露了民族败类的无耻！
你们的血迹，
更显出了八路军伟大的精神！
瞑目吧！
徐杰（陈潭秋化名）同志！
周彬（毛泽民化名）同志！
林基路同志！

在巍峨的天山脚下，一代革命伟人陈潭秋烈士的墓碑就矗立在乌鲁木齐烈士陵园，生活在幸福年代的各族儿女，逢年过节前往敬仰祭扫，学习烈士的革命精神。

从山村走向革命

(1896-1919)

烽火山下陈策楼

★★★★★

（0-8岁）

　　1896年1月4日，陈潭秋诞生于湖北省黄冈县东弦乡儒博村的陈策楼（现属范家岗乡）。陈策楼距黄冈县城50华里，坐落在巴河西岸，大别山南麓的烽火山下。全村七八十户人家，都姓陈，是一座山清水秀、人气旺盛的山村。村中央矗立着一座庄严肃穆的高楼，是陈氏家族祭祀祖宗的地方。登楼远眺，波涛滚滚的长江水，青松环抱的烽火山，阡陌纵横的田野，尽收眼底，陈潭秋的家就在楼的东侧，是一小庭院，一年四季，不是橙菊满园，就是丹桂瓜果飘香，格外引人向往。陈潭秋的童年就是在这里度过的。

　　陈潭秋的祖父名畴，字寿田，是个湖北乡试举人，他以教书为生，薪俸所得，薄置田产，家道小康。陈潭秋的父亲名厚怙，号受之，他虽克勤克俭一生，终因晚年多病，更迫于官府多于牛毛的捐税，入不敷出，家境日衰。陈潭秋的母亲龚莲馨，以善良、贤惠著称乡里。她持家俭朴，却好施舍，虽家境每况愈下，逢年过节，见乡邻贫困妇幼及缺衣少食者，皆乐于资助。

陈潭秋有兄弟姐妹十人，他在兄弟中排行第七。五哥陈树三早年参加辛亥革命，对陈潭秋幼年时期的思想颇有影响。八弟陈荫林要求进步，后在陈潭秋的影响下参加革命。幼年时期陈潭秋兄弟等人在父亲的教育下，培养了勤奋好学的习惯，对乡邻亦有影响，多有称颂。

 # "穷不废读"

★★★★★

（9-11岁）

陈潭秋的祖辈深明知书达理的重要，"穷不废读"是他们共同的信念。陈潭秋的父亲常说，产可以破而书不可不读。在这一思想的指导下，当时陈家虽家庭经济濒临破产，但陈潭秋兄弟数人均入学就读，陈潭秋和陈荫林还维持到大学毕业。陈潭秋幼时在私塾就读，不久，就入陈氏聚星学校。这所学校在离陈策楼不远的王家店，是一座新建的陈氏宗祠。学校在黄州附近颇享盛名，历年所聘教师都是本县知名人士，素有修养，对学生要求甚严。陈潭秋在家庭的支持下，加上自己的刻苦努力，学习成绩优异，成为聚星学校的优秀生。这时，濮阳孙啸千先生在聚星学校任教，对陈潭秋奖励备至。次年，孙先生离开聚星学校时，还将陈潭秋、陈荫林兄弟带到自己家乡的学校，免费就读，精心培养。一段时间后，陈潭秋因学习晋升才转入黄州府城内的黄冈县立高等学堂，直至15岁在该校毕业。

1912年陈潭秋考入湖北省立第一中学。1914年，又进入武昌中华大学补习，并于1916年秋，考入国立武昌高等师范学校（武汉大学前身）英语部学习。

立志澄清浑浊世界

★★★★★ （12—15岁）

陈潭秋在青少年时代很受他五哥陈树三革命思想的影响。陈树三自幼在武昌上学，深受民主革命思想的感染，参加了当时的革命组织——共进会，从事民主革命活动。后来他参加了辛亥武昌起义。不久，他随黄兴到南京，在临时政府陆军部任职，袁世凯篡权后，陈树三怀着"民智不开，则失民治之精神，吾辈宜急图之"的理想，辞去陆军部职务，在南京创办《人报》馆，筹建社会党，宣传民治政治，提倡民权主义。陈树三每逢寒暑假回家时，很是留意对陈潭秋、陈荫林等兄弟宣传民主主义思想，讲述国内外革命形势。一天，陈潭秋的父亲带着陈潭秋和陈树三等兄弟数人，登上陈策楼，陈树三对陈潭秋说："我出一上联，你能对吗？"陈潭秋表示愿意试一试。陈树三出的上联是："陈策楼上谁陈策。"陈潭秋立即意识到五哥是要自己担当起陈策救国之责，马上应答道："独尊山前我独尊。"陈树三很是高兴和喜悦。随后陈树三突然问陈潭秋："你为什么叫陈澄（陈潭秋原名澄）？"陈潭秋一下愣住了，陈树三马上亲切地说："我来告诉你，你可要好好记住。澄，就是澄清，如今世道太浑浊了，你长大成人之后，要努力去澄清这个浑浊的世道！"听了五哥的这番话，陈潭秋深有感触，深情地对五哥说："那潭秋的意思，就是深潭逢秋，清澈见底喽！我一定要正直为人，为民众办事终生！"听完回答陈树三很高兴，对陈潭秋说："对呀！你真聪明！"

挺身为民抗暴

★★★★★ （16—22岁）

陈潭秋的青少年时代正值晚清末年，中国已逐渐沦为半殖民地半封建社会。在这时陈潭秋亲眼看到的社会，是帝国主义列强的侵略，地主豪绅穷凶极恶的盘剥，农业凋敝，民不聊生，贫苦农民卖儿鬻女，四处逃荒，一遇荒年，更是饿殍载道，尸横遍野。广大人民群众生活在水深火热之中，激起了陈潭秋对浑浊世道的忿懑。陈潭秋暗自下定决心，要铲除这浑浊世道，消灭危害社会的坏人。1912年夏，陈潭秋从武汉省立一中放假回家，路过团风镇。刚一下船，就遇上团风镇上一个绰号叫"活阎王"的大恶霸陈大狂领着几个监工，手执皮鞭，劈头盖脑地抽打码头工人，强迫他们不停地往船上装运粮食。工人们蹒跚地移动着沉重的步履，陈大狂和监工们还不时地吆喝和踢打工人，逼他们卖命干活。

　　这时有一个白发老人穿插在背粮工人中间，高声叫卖着："卖报！卖报！今天的汉口新闻报，大江报。"工人们听到卖报老人的叫声，有的停下脚步，有的丢下扛着的粮食，向老人围拢过来，争看有什么新闻。"活阎王"见此情景，气急了，指使一名大个子监工去把老人的报纸抢来要丢入长江中。卖报老人死死地抱住报袋，苦苦哀告说："老爷，丢不得，我全家都靠它吃饭糊口呀！"卖报老人与监工正扭成一团，互相争夺着那装报的布袋。陈潭秋看在眼里，急速冲过来，大声叫道："住手！""活阎王"见是一个学生打扮的少年，便满不在乎地说："哪家的毛伢子！敢在这里管我的闲事，给我滚开！"那个大个子监工狗仗人势举手将皮鞭转向陈潭秋。陈潭秋眼明手快，顺手抓住皮鞭，厉声说道："你们知道现在是什么世道吗？连清王朝皇帝都推翻了，你还在这里称王称霸，欺压百姓。卖报，宣传革命道理，有什么错？你敢将报纸丢了，革命派来了，当心你的脑袋！""活阎王"听了这一番大道理，被吓住了，收起皮鞭溜走了。这时，陈潭秋搀扶着卖报老汉，迈着坚定的步伐走开了。陈潭秋"英勇仗义，挺身为民抗暴"的佳话，在黄冈团风镇传开了。

→ 在"五四"激流中

★★★★★ （23岁）

1915 年，陈潭秋以优异成绩毕业于省立一中。随后在中华大学补习功课，准备考大学。当时同学们对考什么大学、学什么专业议论甚多。一种是教育救国：打算毕业后，从事普及教育工作，为国家培养人才，提高人们的文化知识水平，激励民气，振兴中华；一种是实业救国：专攻理工，毕业后，办工厂，兴实业，发展科学技术，促使民富国强。陈潭秋则早有自己的认识，他认为："救国是政治问题，教育决不能救国。"举办实业是必要的，但不能根本解决问题。要拯救中国，还是要用先进的思想去改造社会。陈潭秋记得五哥陈树三曾对他说过："外语是沟通世界文化的门窗。"他立志去打开这扇门窗，决定报考国立武昌高等师范学校英语部。1916年秋，陈潭秋考进武昌高师英语部学习。

陈潭秋在武昌高师读书期间，为寻求新思想，他常去学校图书馆翻阅《新青年》、《每周评论》等进步书刊。对接触到的一些进步书刊，他都仔细阅读，认真思考，并广泛结交有志青年，一起议论时政。逢节假日，陈潭秋邀约三五同乡同学去武昌蛇山观景畅谈改革教育、改造社会等问题。

陈潭秋在武昌高师学习的第二年，俄国十月革命爆发了。俄国工人阶级在列宁领导下，推翻了地主资产阶级在俄国的反动统治，建立了世界上第一个无产阶级专政的国家。十月革命胜利的消息，很快传到中国，此后不久，苏维埃俄国主动宣布废除一切不平等条约，放弃俄国在中国攫取的一切特权。这些消息，给热切探求救国救民真理的陈潭秋以新的希望。在黑暗中摸索中国革命道路的先进分子，就像见到了曙光，他们在学校内外奔走呼号，兴奋异常。陈潭秋思索着，为什么几十年来中华民族不断受到帝国主义列强的欺侮，气都喘不过来，唯独革命后的苏维埃俄国，宣布取消在中国的特权。他盼望像俄国那样的"工人之国"能在中国早日实现。因此，陈潭秋特别注意报刊上有关十月革命的经验和苏维埃俄国的内部情况的介绍。1918年，他反复学习李大钊的《法俄革命之比较观》、《庶民的胜利》、《布尔什维主义的胜利》等论文，十分赞同"1917年的俄国革命，是20世纪中世界革命的先声"，"人道的警钟响了！自由的曙光现了！试看将来的环球，必是赤旗的世界"等观点。他认识到要打倒帝国主义列强，求得中华民族的独立和解放，必须向苏维埃俄国学习，走俄国十月革命的道路，这才是中国新出路和新希望。

1919年五四爱国运动爆发，消息迅速传遍全国，它像一声春雷，震撼了中国大地。陈潭秋毅然投入运动，5月8日，爆发了以学生为主体的游行示威。陈潭秋带领武昌高师英语部的同学，走在高师队伍的最前面。他还同当时正在中华大学中学部任教的恽代英等学生领袖一起，积极地领导了武汉地区的学生运动。5月12日成立了武昌学生团，5月17日成立了武汉学生联合会。接着学联代表到省署请愿，次日在武昌阅马场开大会，会后举行了声势浩大的游行。"外争国权，内惩国贼"、"誓死争回青岛"、"废除'二十一条'"的口号声，响彻武汉上空；"还我山东"、"誓雪国耻"、"灭除国贼"等标语，贴满武昌街头。学生们在沿途散发传单，并在通衢要道搭台讲演，揭露帝国主义的侵略罪行和北洋军阀政府的卖国行径。演讲时，陈潭秋等在台上慷慨陈词，台下各界群众潸然泪下，怒火满腔。许多市民送茶送果，慰问学生。学生们激动地说："救国属于国民天职，只要大家齐力进行，胜过茶果。"一位人力车工人还情不自禁地高呼："学生万岁！"学生们的爱国行动，引起了湖北督军王占元、省长何佩瑢（何韵珊）的大为不满和恐惧，他扬言对游行、讲演、罢课的学生，"捉到即枪毙，拼着一个督军，一定要办到格杀勿论的地步！"王占元甚至凶神恶煞般地传令各个学校采取开除、停火断炊、提前放暑假等卑劣手段，破坏学生爱国运动。但在陈潭秋等学生领袖的领导下，学生们无所畏惧，举行了总同盟罢课，组织了规模更大的游行示威。6月1日学生们按照约定，纷纷走上街头演讲、贴标语，遭到武装军警的阻拦，捕去学生多人，还有许多人被打伤，酿成有名的"六一"惨案。6月4日武汉学生联合会决定把军警捕杀学生的情况通电全国。6月6日，陈潭秋带领高师学生，不顾校长的阻挠，冲出校门，与其他学校及各界群众会合，再次举行了更大规模的游行。6月7日，武昌高师以全体学生的名义发出电文，痛斥"王占元、何佩瑢捕杀学生，解散学校"的罪行，强烈要求罢除王占元、何佩瑢，"以谢国人"。是年6月初武汉学联接到了全国学联筹备组邀请，要求派四名代表赴上海出席全国学联成立大会。这时将要毕业的陈潭秋邀集同学与学生代表一道赴上海参观学习、交流学运经验。

参与中国共产党的创立

（1920—1923）

→ 向马克思主义者转变

1919 年夏，陈潭秋随武汉学生代表和学生参观团来到上海。当时具有民主主义革命思想的陈潭秋，在俄国十月社会主义革命胜利的鼓舞下，经过五四运动的战斗洗礼，十分渴望学习和研究马克思列宁主义，用马克思主义世界观武装自己。能有机会和五四运动中涌现出来的先进青年一起探讨中国革命诸问题，他很是兴奋。

在上海陈潭秋访问了许多学校，参加了上海学生的集会，并和各省学生运动的代表互相交流了各地学生运动的情况，探讨了反帝反军阀斗争的经验。听了这一切，陈潭秋暗自思忖："以前我们学生只知读书，不知其他，那样造就出来的人，只能是反动统治的工具。今天，我们举行轰轰烈烈的反帝爱国运动，说明学生们正打破旧的思想桎梏，开始起到先锋的作用。五四运动是现代民族革命先声，五四运动创造了一代新人。在上海，陈潭秋经武昌高师同班同学倪季端的介绍，结识了董必武。陈潭秋和董必武虽然是第一次见面，但由于对十月革命向往和对马克思主义真理的追求是一致的，两人一见如故。

董必武早年就参加辛亥革命，受挫后于1919年2月来到上海，并和湖北同乡张国恩和詹大悲等住在一条街上，他们经常在一起交流中国民主主义革命经验，寻找中国新道路。此时，李汉俊正从日本留学回国，他在日本帝国大学学习期间，深受日本马克思主义经济学家河上肇的影响，研读了马克思主义经典著作，开始倾向马克思主义。李汉俊向董必武谈了许多关于俄国十月革命的消息，介绍了当时所能找到的一些马克思主义的读物和进步报刊。这时，董必武阅读了《每周评论》、《新青年》、《新潮》等杂志和日本出版的马克思主义书籍以及《马克思主义入门》、《政治经济学入门》、《〈资本论〉浅说》、《共产党宣言》、《黎明》、《改造》等，董必武又把这些书刊介绍给陈潭秋阅读。董必武、陈潭秋和李汉俊等人反复对比研究了中国和俄国革命的道路问题。董必武总结参加辛亥革命的经验教训，深深"感到过去革命工作不依靠工农群众方向不对头，要从头来"，"必须唤起民众"。陈潭秋从自己对马克思主义和俄国十月革命经验的学习以及参加五四运动的实际斗争中，也深深体会到这一点。他们怀着对马克思主义的共同信念和走十月革命道路的共同决心，商讨了救国大计，决定回湖北后以"办报纸、办学校"的方式传播马克思主义，开展革命活动。由此可见，陈潭秋开始了由民主主义者向马克思主义者的转变。

武汉共产主义小组建立

★★★★☆

（25岁）

从上海返回武汉后，陈潭秋从武昌高师英语部毕业，创办了湖北人民通讯社，兼任《大汉报》《汉口新闻报》新闻记者。他以新闻记者的身份，深入乡村、工厂与走访工农大众，进行社会调查和宣传马克思主义的思想。1919年秋，董必武回到武汉，邀请陈潭秋、张国恩、倪季端等筹办武汉中学。1920年春武汉中学正式开学，陈潭秋担任英语教员兼任乙班级任老师。陈潭秋在武汉中学教书，基本上是尽义务，个人仅拿够自己生活的少量工薪。董必武和陈

△ 1919年陈潭秋从武昌高师毕业时的留影

潭秋等主要利用课堂教学和课余与学生接近的机会，引导学生阅读进步书刊。为传播新文化、新思想，学生一律使用教师自编的白话文教材，老师也一律用白话文教学。教师们给学生讲人类进化史，讲帝国主义列强为何侵略瓜分中国，讲封建统治阶级的残酷压迫剥削，军阀政府的腐败无能，介绍苏联十月革命的情况和关于社会主义的基础知识，提高学生的政治觉悟，热心培养进步青年。陈潭秋曾对进步学生说过："不懂得马克思主义，不懂得十月革命，就等于是聋子、瞎子，找不到路。"在董必武、陈潭秋等进步教员的教育下，这些进步学生中有不少人先后参加了共产党和社会主义青年团。经过董必武、陈潭秋等人的共同努力，"武汉中学成为湖北共产党的中心"。

随着革命斗争形势的迅速发展，陈潭秋、董必武等具有初步共产主义思想的知识分子，深感组织起来的必要。1920年8月，陈独秀等在上海成立了中国共产党发起组。接着参与建立上海共产党发起组的李汉俊写信给董必武，约请他在武汉筹建共产党组织。同时，上海发起组又让途经上海回武汉的刘芬（伯垂）到汉后筹组武汉地区共产党组织。刘芬回到武汉后经与董必武、陈潭秋等多次交换意见，认真商讨，决定在武汉建立共产党组织。1920年秋的一天，董必武、陈潭秋、张国恩、包惠僧、郑凯卿、赵子健、刘芬等七人在武昌抚院街3号董必武、张国恩合办的律师事务所内召开了秘密会议，宣告武汉共产主义小组正式成立。这次会上，讨论了上海发起组拟定的党纲草案十五条。这个纲领是陈独秀和维经斯基（共产国际

▽ 武昌中学旧址

代表）共同起草的，它在中国历史上第一次明确提出了以无产阶级的革命军队推翻资产阶级政权，废除生产资料私有制，实行无产阶级专政，直到消灭阶级。纲领还具体规定了发展党员和建立党组织的原则。参加会议的成员，一面学习，一面就纲领的内容进行讨论，大家表示必须按照这个纲领行事，拥护这个纲领。会议经过酝酿提名，选举了小组负责人，陈潭秋分管组织工作。1961年董必武还回忆说："潭秋一参加党就拼命干，湖北党的工作主要是他负责。"

➡ 参加中国共产党第一次代表大会

★★★★★

（25岁）

武汉共产主义小组建立后，以小组成员为骨干，团结进步青年，大力开展马克思主义的学习、宣传活动。董必武、陈潭秋组织了马克思主义学说研究会，其成员有黄负生、刘子通、施洋等二十多人。接着陈潭秋、董必武还建立了半公开的社会主义青年团（即 SY）吸收了大中学校的先进青年二十多人参加，由陈潭秋负责。他以团员为骨干，在各校建立了读书会，组织师生阅读《新青年》、《共产党宣言》和《〈资本论〉入门》等书刊。陈潭秋还经常在读书会上作辅导报告，谈自己的学习心得体会，传播马克思主义。

1921 年 2 月，陈潭秋、恽代英、黄负生等人发起创办了《武汉星期评论》。《武汉星期评论》以改造教育和社会为宗旨，反对尊孔读经，倡导民主和科学，宣传妇女解放，鼓吹劳工运动，每逢周六出版。陈潭秋的重要论文《读公平先生通讯的感言》、《赶快组织"女界联合会"》、《五一底略史》等，就发表在这个刊物上。这一年，他和倪季端等共同创办了共进中学。同时他还在湖北女子师范和高师附小等学校兼任教员，宣传指导马克思主义的学习。通过各种形式的学习和宣传，马克思主义在武汉地区得到了进一步的传播，在进步知识青年中逐步成为思想的主流，进一步为武汉地区建立共产党组织奠定了思想基础。

1921 年 6 月，武汉共产主义小组接到上海共产主义小组的来信，要求派出两名代表出席在上海召开的中国共产党第一次代表大会。董必武召集小组成员开会，宣布了这一好消息，与会者无比兴奋。经过与会成员酝酿，一致推选董必武、陈潭秋为武汉共产主义小组出席中国共产党第一次全国代表大会代表。

不久，董必武和陈潭秋一道乘船东下，于7月下旬（20日左右）到达上海。1921年7月23日，党的第一次全国代表大会正式开幕。后来陈潭秋回忆说："正式会议是在李汉俊家中开的，大会进行了四天，讨论的问题是：当前政治形势，党的基本任务，党的章程以及发展组织问题。"会议期间，陈潭秋与董必武交换了要向大会报告的关于武汉共产主义小组活动情况。会议在讨论政治形势、党纲草案、党的基本任务和今后工作计划等方面的内容时，陈潭秋都认真发表了自己的意见。他每次的

▽ 中国共产党第一次全国代表大会旧址，陈潭秋曾出席这次大会。

发言虽然不长，但都比较中肯。会议进行到第三天时，发现一个可疑的人窜入会场，很快就离去了。陈潭秋回忆说："我们马上警觉到来人的可疑，立即收捡文件分途散去，只有李汉俊与陈公博未走，果然，我们走后不到10分钟，有法华捕探等共九人来李汉俊家查抄，但除公开出版的马克思主义的书籍以外，没有抄出可疑的东西，所以并没有逮捕人。"当时陈潭秋、董必武和其他代表一道机警迅速地离开会场，他们没有回住地——博文女校，而是在上海大街上转了几个商店，认为确无人追踪时，才找旅馆住下。陈潭秋后来回忆说："我们分散后，各人找旅馆住宿，不敢回博文女校，因为据我们推测，侦探发现我们的会议，是由博文女校跟踪而得的。"第二天，陈潭秋来到上海环龙路老渔阳里2号陈独秀家里探听消息。差不多所有与会代表都不约而同地来到了这里。经过磋商之后，他们决定缩短会期，转移会址。陈潭秋回忆说："我们原定会期是七天，被侦探发现后，决定缩短为五天，但是在上海我们再没有适宜开会的地方，于是决定乘车到杭州西湖继续开会，到上火车之前又想到西湖游人太多，遂中途变计，到离上海约三百里之嘉兴城下车，嘉兴有一个南湖，经常有人雇船游览。我们借游湖为名，雇一只大船，并预备酒食，在船上开会。"董必武、陈潭秋、何叔衡与王会悟先行出发，乘头班火车去嘉兴的。会议最后一天，从上午8时一直开到夜晚11时，在讨论对孙中山的态度与关系时，曾发生过争论。"包惠僧认为我们与孙中山是代表两个敌对的阶级，没有妥协的可能，他说我们对孙中山，应当与对北洋军阀一样，甚至还要更严厉些，因为他在群众中有欺骗作用。"陈潭秋根据自己的经历和认识，反对包惠僧的观点，认为不能把孙中山看成军阀。当时有人问陈潭秋："孙中山不也是资产阶级的一个集团吗？"他回答说："半封建半殖民地的中国，革命不可能一步登天的，恐怕要经过一些曲折的道路。我们一面要坚定阶级立场，与资产阶级斗争到底，另一方

面对反动统治阶级的人和事也要分一个青红皂白，分别对待。这样，我们的党才能得人心，才能站在正义方面，才能扩大我们的政治影响，争取革命的多数。"最后会议通过了下列原则："对孙中山主义，采取批评态度，而对于某些进步的运动，则采取党外合作的形式来援助他。这一原则的确定，可以说对于以后国共两党的合作，发展广大的反帝反北洋军阀的运动种下了一种根基。"会议经过紧张的工作和热烈的讨论，"最后在原则上通过了一个基本立场，以实现无产阶级专政为党的基本任务，但在过渡阶段的斗争策略上，不但不能拒绝而且应当积极组织无产阶级来参加和领导资产阶级性的民主运动。决定建立严密的战斗的工人政党，并以职工运动为中心工作"。大会正式宣布了中国共产党的诞生。陈潭秋认为中国共产党的诞生具有十

分重大的意义，他说："我党不仅是中国无产阶级的先锋队，而且是全民族和全中国人民的领袖。中国共产党始终在布尔什维克道路上前进。"

领导和发动革命群众运动

★★★★★

（26岁）

中共"一大"闭幕后，陈潭秋和董必武回到武汉，成立了党的工作委员会，作为武汉地区党组织的临时领导机关。1921年冬遵照中共中央的指示正式成立中国共产党武汉区执行委员会。陈潭秋任执行委员主管党的组织工作。同时，成立了中国劳动组合书记部长江支部，作为共产党发动和领导工人运动的公开指挥机关。中国共产党成立后，集中力量领导了工人运动，不久就掀起了武汉地区第一次工人运动的高潮。

武汉地处我国中部和长江中游，是粤汉、京汉两大铁路的连结处，水陆交通四通八达，素有"九省通衢"之称，是我国产业工人的集中地之一。五四运动后，武汉进步知识青年，在俄国十月革命胜利的影响和鼓舞下，注意对武汉工人阶级的人数、劳动条件和生活状况进行调查。中共武汉区委成立后，董必武、陈潭秋、林育南等都十分重视铁路工人的工作，先是派人到郑州，与北京派的同志合办了铁路工人补习学校，后又在武汉江岸办起了工余夜校。陈潭秋亲自到工人夜校上课，了解工人情况，启发工人觉悟。不久，在党组织的领导和帮助下，成立了粤汉铁路职工联合会。1921年9月粤汉铁路武长段工人进行了胜利罢工斗争，成立了工会团体三十余个，随后，武汉地区工人的罢工斗争风起云涌，掀起了武汉工人运动的第一次高潮。1922年10月10日，成立了湖北省工团联合会，有会员六万多人。

为了指明工人斗争的目标，明确斗争的意义，陈潭秋于1922年5月1日在《武汉星期评论》五一纪念号的增刊上发表了《"五一"底略史》一文。文章用历史唯物主义的观点，阐明"劳动者就是世界的创造者，就是我们人类生活的维持者"。并详细介绍了"五一"的起源和斗争的经过和意义。1886年之后，美国的工人阶级通过斗争实现了八小时工作制，"五一"成为了全世界无产阶级统一行动的日子。陈潭秋指出："'五一'虽然普遍了全世界，成功的地方也不少"，但它的"'普遍'和'成功'都是流血得来的"。他号召中国工人以团结战斗的实际行动来纪念这个"以无数血肉搏来的庄严灿烂"的战斗节日。

陈潭秋组织发动武汉工人运动的同时，极力主张改革旧的教育制度。1922年3月22日，他在上海《民国日报》副刊《觉悟》上发表了《私有制度下的教育运动》的评论文章，他指出："在私有制度底经济组织之下，教育是决不能普及的，义务教育是决不能实施的。"接着他说："现在一般做教育运动的人们都说：'教育要普及'，'义务教育要实施'……这些声浪尽管闹破了人们底耳鼓，终是不能'普及'，终是不能'实施'，这究竟是什么缘故呢? 因为他们忘掉了'先决问题'所谓'不揣其本，而齐末'"。先决问题是什么? 陈潭秋断言是社会的私有制度。他认为普及教育就要多办免费学校，多办学校就要经费，而"经济在私有制度的社会中都在少数资本家手里"，他们哪肯多拿钱去办免费学校，普及教育啊! 他们"恐怕平民受了教育，有了知识，要革他们的命"。再者，无产阶级和其他劳动者，每天做工十多点钟，哪有时间去受教育。陈潭秋明确表示："我主张在现社会做教育运动，应当着眼在'造就改造社会的人才'底上面。我很盼望现在热心做教育运动人们赶快改变方针……应该向'改造社会经济'方面进行。"

陈潭秋在领导发展武汉工人运动的同时，又积极领导武汉地区妇女运动、学生运动。当时湖北教育界被封建守旧的"两湖派"所把持，极力主张尊孔读经，严禁新思想新文化的传播。湖北女师就是个封建堡垒。这所学校的校长王式玉是一个封建学究，他不准学生外出，规定学生放假回家和返校必须家长接送，禁止学生剪短发、自由通信、读新书报，要把学生训练成"三从四德"的贤妻良母，更不准学生过问社会和政治问题，把学校搞得死气沉沉，活像一个修道院。

陈潭秋到湖北女师任教师后，团结进步教员在课堂上选讲《向导》、《新青年》上的重要文章和鲁迅的《阿Q正传》、《狂人日记》等新文学作品，启发学生思想，帮助进步同学组织妇女读书会和妇女运动大同盟，广泛吸收女校学生和中小学女教师参加。陈潭秋经常给这些团体讲课、辅导，宣传马克思主义和十月革命的经验。他说："如果我们不懂马克思主义，不懂十月革命，就等于瞎子、聋子，找不到出路!"他强调学以致用，强调要联系中国革命的实际学习革命理论。在一次读书会上他说："一个革命党人，他应该掌握革命的理论。我们不是为了咬文嚼字才来办读书会，才来学习理论。我们学习它，是为了要用它，用它来救我们的国家，来救受压迫的劳动人民。"女师学生在陈潭秋等进步教员的教育和引导下，迅速行动起来，他们带头读新书，剪短发，批判"三从四德"，并组织起来同学校封建势力展开斗争。校长王式玉气急败坏向湖北督军肖耀南告状污蔑进步学生。"仇父非孝之言忍心倡导，共产公妻之说信口訾谈。"并公然解聘进步教员刘子通。在陈潭秋的鼓励下，进步学生领导者徐全直、夏之栩等发动全校同学举行请愿罢课，示威游行，并包围了校长室，与王式玉校长进行面对面的斗争。陈潭秋发动武汉学联组织各校支援女师学生，震动武汉三镇的女师学潮爆发了。这场斗争持续了八个月，最后反动当局不得不以"办学无方"将校长王式玉解职。在女师学潮的影响下，武汉地区的学生运动风起云涌，省一师、高师等学校学生赶走了反动、守旧的校长，使各校的封建顽固势力受到了一次沉重的打击。

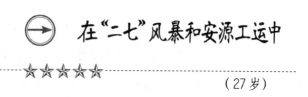

在"二七"风暴和安源工运中

★★★★★

（27岁）

1922 年 6 月 30 日，中共中央给共产国际的报告就明确指出，汉口方面的劳动运动的主要任务之一就是组织"京汉铁路工人俱乐部"。

中共武汉区委成立后，陈潭秋为了把马克思主义和工人运动进一步结合，就将工作的重点放在了铁路工人多又比较集中的汉口江岸。

陈潭秋对工作认真负责，著名工人领袖林祥谦就是他和当时武汉区委负责人包惠僧一起培养起来的。林祥谦是京汉铁路江岸机器厂的青年工人，出身贫困，苦大仇深，有正义感，在广大工人群众中有一定威信。当陈潭秋从项德龙（即项英）的汇报中了解了林祥谦的情况后，便多次找林祥谦谈心，启发他的阶级觉悟，很快把他引导到革命的轨道上来。

1922 年 1 月 22 日，江岸京汉铁路工人俱乐部在汉口江岸刘家庙召开成立大会，到会的有来自京汉铁路沿线各站、厂和俱乐部的代表及武汉党组织和武汉劳动组合书记部派的代表，共计有八九百人之多。上午 11 时正式宣布开会。大会主席说："本俱乐部之成立，全是各工友努力的结果。以后还盼望大家更发努力，互相辅助，共谋进步。""俱乐部的宗旨是：保证生活；增高人格；改良习惯。"很多代表来宾都发了言，大家表示一定要把俱乐部办好，一定要为工人谋利益。大会选举杨德甫、林祥谦、黄贵荣为俱乐部干事，聘请项德龙为文书，施洋为法律顾问。同年秋，江岸工人俱乐部改为京汉铁路江岸分工会，林祥谦被选为分工会委员长。

第一次全国工人运动高潮的顶点是震惊中外的京汉铁路工人二七大罢工。陈潭秋参与领导了这次罢工斗争。

京汉铁路工人运动的发展，至 1922 年春，全线站、厂已成立了俱乐部 16 个。4 月 9 日在长辛店召集全路代表会议,决定组织总工会。8 月 10 日又在郑州召集全路线代表会议,决定总工会地点设在全路中心郑州。1923 年 1 月 5 日在汉口召集各工会委员长会议,决定 2 月 1 日在郑州召开京汉铁路总工会成立大会,遍邀社会各工团各界到郑州参加成立典礼。

1923 年 2 月 1 日,京汉铁路总工会成立大会在郑州召开。陈潭秋率武汉各界代表及一个乐队前去参加。成立大会遭到军阀的无理阻挠与破坏。大会冲破军阀军警的无理阻拦,与会代表冲入会场正式宣布京汉铁路总工会成立。为了更好地与军阀吴佩孚的破坏作斗争,当晚总工会召开秘密会议,决定 2 月 4 日午时举行总同盟罢工;总工会移至汉口江岸办公。于是江岸成为党领导京汉全线总罢工斗争的中心。中共武汉区委当即召开紧急会议,指派陈潭秋、林育南等参与领导和协助京汉铁路总工会临时办公处的工作。2 月 4 日,京汉铁路工人罢工开始。陈潭秋等发动武汉的工团、大中学校以及新闻界、妇女界声援罢工斗争。各界代表组成慰问队,络绎不绝地前往江岸,慰问罢工工人。2 月 6 日,武汉 18 个工团和学联的队伍在陈潭秋、林育南和许白昊等率领下,齐集江岸召开声援罢工斗争万人大会,会后举行了声势浩大的示威游行。2 月 7 日,军阀吴佩孚对手无寸铁的工人进行血腥镇压。当反动军警围攻江岸俱乐部办公室时,陈潭秋机警果敢地指挥被围人员巧妙地撤退到安全地带,他自己却一直坚持到深夜。

二七大罢工失败后,陈潭秋等遭到反动军阀的通缉。为了保

△ 陈潭秋1924年6月在安源

存力量党把陈潭秋等一批已公开身份的干部调离武汉。1923年5月间，陈潭秋来到了江西安源，参加中共安源地委的工作，分管宣传教育及青年团工作。同年12月，在青年团安源地委第三届委员会上被选为地委委员，开始任秘书，不久任委员长，直到1924年秋离开安源。他的公开职务是安源路矿俱乐部教育股长和代理窿外主任。

1923年6月，陈潭秋与林育南、项德龙代表湖北党组织出席了在广州召开的中国共产党第三次全国代表大会。陈潭秋在会上作了京汉铁路二七惨案的报告，总结了这次斗争的经验和教训。他的报告对与会代表正确评价二七罢工的伟大意义和影响，对分析革命形势和敌我力量对比，对大会确定同孙中山领导的国民党实行合作，建立革命统一战线的方针，起了一定的作用。大会结束后，陈潭秋仍然回到安源工作。

在安源，陈潭秋特别重视党的教育和组织工人的阵地——工人夜校（工人实习学校）和职工子弟学校。他在兼任俱乐部教育股负责人期间，采

取了许多有力措施。陈潭秋把各地转移到安源的
一批党的干部，安排到学校当教员或主事。另外又
增设学校，使距矿区和铁路沿线较远的工友和工
人子弟都能上学受教育。再者，他强调改进教授方
法，通俗易懂地向工人们讲解马克思主义，灌输社
会主义思想。不久，工人子弟学校便由三个增加到
七个，工人读书处五处，工人图书馆一所，有工人
子弟学生百余人，工人补习学生六百余人。

　　自二七大罢工失败后，处在极沉寂时期的中国
工人运动，独有安源路矿工会，还能打破一切障碍，

▽ 1924年6月15日，安源工人学校教职员合影。前排右起第一人是陈潭秋

发展自如，被誉为"小莫斯科"。在安源，各种大的会议及示威运动，仍能继续公开举行，如"五一"纪念、"二七"纪念、列宁纪念、十月革命纪念等均有数千人的公开集会，游行演讲及演新戏等。为了教育工人认识自己肩负的责任，纪念五一节这一全世界无产阶级团结战斗的节日，陈潭秋谱写了《五一纪念歌》，歌词是：

　　　　五一节，真壮烈，

　　　　世界工人大团结！

　　　　发起芝加哥，

　　　　响应遍各国。

　　　　西欧东亚与美洲，

　　　　年年溅满劳工血！

　　　　不达成功誓不休，

　　　　望大家，齐努力，

　　　　切莫辜负五一节！

　　这首歌在当时的安源学生和工人中广为流传，安源工人男女老少都会唱。几十年来，这首歌的歌词深深印在工人们的心中，直到 1949 年，许多老工人仍能熟练地唱起这首歌，迎接人民解放军的到来。从 1923 年底到 1924 年中期，安源社会主义青年团组织在陈潭秋的领导下也有较快的发展。

团支部发展到 26 个，团员人数为 245 人，其中大多数都加入中国共产党。6 月中旬，陈潭秋代表安源社会主义青年团出席了湘区第二次代表大会，并被选为大会三名执行主席之一，参与领导大会的全过程。这次代表大会总结了湘区团的工作，讨论确定了今后团的工作任务，通过了相应的决议。大会闭会后，由陈潭秋和其他两位主席团成员向党中央写了会议情况的报告。接着陈潭秋回到安源，向安源地委报告了会议的情况，向安源路矿青年团各支部传达了会议精神，拟定执行决议措施。不久，由于革命形势发展需要，陈潭秋奉党中央要求调回武汉工作。

迎接北伐军参加武装起义

(1924-1927)

推动国共合作

★★★★★
（28 岁）

1924 年夏末初秋的一天，陈潭秋身穿绸布长衫，提着简单的行装，回到了多年战斗过的地方——武昌。陈潭秋这次回来，公开的身份就是武昌高师附小的教员。住武昌都府堤高师附小内。

陈潭秋以高师附小为阵地开展党的工作。9 月的一天，中共武昌地区党员代表大会在长江江心一只木船上召开。出席会议的代表有陈潭秋、吴德峰、聂鸿钧、许之祯、袁溥之等二十余人。董必武以汉口地委委员长的身份出席了会议。会议就党为何适应革命统一战线策略，迎接即将到来的工农群众运动新高涨进行了认真的讨论，并作出了相应的决议。会议正式选举了中共武昌地方委员会，陈潭秋为委员长。地委下设国民运动委员会、农民运动委员会、职工运动委员会、青年运动委员会、军事工作委员会等。1925年1月，陈潭秋代表武昌地委出席了在上海召开的中国共产党第四次全国代表大会。这次大会第一次正式提出了无产阶级在民主革命中的领导权和工农联盟问题，正确地制定了党在民主革命中的策略，为群众革命斗争新高潮的到来作了理论上、思想上、组织上的准备。

1925年春，陈潭秋与徐全直结婚。早年，陈潭秋在武昌高师读书时，曾由父母包办，与一黄冈女子结婚，夫妻感情甚笃，未及一年妻病逝，陈潭秋曾立誓不再娶，发奋读书，致力于事业。1921年初，陈潭秋在湖北女师认识了徐全直，介绍她参加了社会主义青年团。后陈潭秋与徐全直等按党的指示一道转移到安源从事工人运动和妇女运动。1924年秋，徐全直与陈潭秋奉调回武汉，在中共武昌地委从事妇运工作。在长期的革命斗争中，他们建立了深厚的友谊，结成了革命伴侣。

陈潭秋主持武昌地委工作后，根据党的"三大"精神，"中国共产党须与中国国民党合作，共产党员应加入国民党"，"中国现有的党，只有国民党比较是一个国民革命的党"，"我们须努力扩大国民党的组织于全中国，使全中国革命分子集中于国民党，以应目前中国国民革命之需要"。决议的精神，一方面做党和群众运动方面的工作，同时又协助董必武组建湖北国民党的组织。在组织发展工作中，陈潭秋和董必武把拥护孙中山三大政策，赞成国共合作的，发展为国民党员，叫做"入民校"；把斗争中有突出表现，拥护共产党纲领的人，发展为共产党员，叫做"升大学"。这样，既使国民党组织得到扩大，又保证了共产党组织的发展，而且国共两党又互相区别。经过陈潭秋和董必武等一段工作准备之后，1925年7月，国民党湖北省第一次代表大会召开，正式成立了以共产党人和国民党"左"派为核心的国民党湖北省执行委员会。董必武被选为执行委员，任书记长，陈潭秋任组织部长，钱介盘任宣传部长，陈荫林任农民部长。组织部在陈潭秋的主持下，注意吸收工农分子参加国民党，到该年10月，湖北全省1877名国民党员中，工人、农民、青年学生就有1425人，占总数的75%，大多数县区党部掌握在共产党人和国民党左派手中，为在全省开展工农运动，迎接国民革命军北伐，创造了有利条件。

陈潭秋在注意发展国共合作的统一战线的同时，还注意了发动湖北武汉各界人士的反帝斗争运动。1924年9月5日在武汉成立了反帝大同盟，公推董必武为主席，陈潭秋为执行委员。武汉各界群众和人民团体在反帝大同盟的组织和推动下，召开了武汉各界国民大会，进一步推动了武汉人民的反帝爱国斗争。

→ 《国民党底分析》的发表

　　第一次国共合作的实现，使我党领导的革命群众运动在湖北武汉地区有了较大的发展。反帝反封建斗争逐步深入，引起了帝国主义和封建军阀的恐惧，他们到处散布流言蜚语，挑拨离间，破坏国共合作。统一战线内的国民党内新老右派则恶意中伤，污蔑工农运动过火、影响税收等等。党内由于陈独秀的右倾投降主义错误，也造成了思想上的混乱。为了分清敌我友，正确认识国民党，陈潭秋于1924年11月写了著名的论文《国民党底分析》,发表在《中国青年》第五十九期上。

　　论文运用马克思主义的阶级分析方法，从国民党产生的历史过程、阶级构成、方针路线等方面，对国民党进行了全面的剖析。他指出，要从"各阶级的经济背景，确定其阶级性，更依阶级性分析其派别"的唯物史观来分析国民党，这表现了陈潭秋运用马克思主义普遍真理的成熟程度，他指出改组后的国民党本是各阶级联合组织的政党，其内部有左、中、右三派。代表工人、手工业者、农民、小商人的左派，"最富于革命性"，"他们主张用民众底力量以实现国民革命，不与任何反动势力妥协"；

△ 《国民党底分析》

代表中产阶级和上层小资产阶级的中派，"最富于妥协性"，"他们也能看清革命的正当途径"，但却"屈服于右派包围之下，时与反动势力妥协"；代表军人、地主、买办阶级的右派，"最富于反革命性"，"他们大半直接或间接依附于帝国主义者及封建的军阀以图存"。陈潭秋的这篇论文，在中国革命关键时刻指出了中国革命运动应该依靠谁、争取谁和反对谁这个中国革命的首要问题，批评了当时党内存在的右的和"左"的错误。

迎接北伐军进驻湖北武汉

★★★★☆

（30岁）

1926 年 2 月 21 日至 24 日，中共中央在北京召开了特别会议，确定了党在当前的主要责任是"从各方面准备广东政府的北伐"，"不仅是在广东作军事准备，更要在广东以外北伐路线必经之湖南、湖北、河南、直隶等处预备民众奋起的接迎，特别是农民的组织"。为配合北伐进军培养地方干部和组织发动民众，陈潭秋在武昌开办了"北伐宣传训练班"，他既是训练班负责人，又是教员，参加训练班的学员，多是从武汉各学校中挑选来的共产党员、共青团员和国民党左派。陈潭秋既要教学，又要照管他们的思想和生活。陈潭秋非常注意培养学员分析问题和解决问题的能力，他经常讲完课后，和学员一起讨论新学内容，特别是研究如何通俗易懂地向农民进行革命宣传。陈潭秋说："理论要讲，实事也要讲，要把两者结合起来。问题在于怎样才算通俗易懂，给农民以深刻印象。"

1926年7月9日，国民革命军誓师北伐，主攻对象是吴佩孚，两湖战场是北伐的重要战场。8月中旬，北伐军先头部队已进抵湖南岳州（今岳阳）。8月23日，北伐军总司令部下达迅速向武汉推进的命令，北伐军随即向鄂南之崇阳、蒲圻、咸宁推进，拉开了湖北战场的序幕。

北伐形势的发展，迫切需要北伐宣传干部，陈潭秋决定提前结业北伐训练班，并把学员派往北伐前线，特别是鄂南各县要人更急。学员到达各县后，依据陈潭秋的要求，积极配合各县党团组织，成立了国民党县党部，发动农民群众，组织农民协会，在鄂南还组织了农民自卫军，配合北伐军作战。8月27日，北伐军勇夺汀泗桥，30日，再克贺胜桥，9月1日北伐军第四军全部抵达武昌城外。吴佩孚残部躲进武昌城内，犹作困兽之斗。北伐军为9月2日、3日两次硬攻武昌城，未克，乃取封锁之势。

陈潭秋协助董必武发动和领导武汉人民配合北伐军攻打武汉三镇。董必武在汉口，陈潭秋在武昌（住高师附小）分别领导武汉各界人民开展对敌斗争。后来周士第回忆说："中国共产党武汉地方委员会董必武同志在汉口领导对敌斗争，陈潭秋同志在武昌城内领导对敌斗争，对瓦解敌军、争取敌军做了很多工作，取得很大成绩。武昌城里的敌军中有士兵和军官愿做我军攻城的内应，给我军攻城创造了条件。"

当时武昌城已是一座被北伐军围困的孤城，敌军陈嘉谟、刘玉春率部万余人，企图负隅顽抗。为了避免革命力量遭受损失，陈潭秋及时地把许多同志转移到汉口，自己却和一部分党员留存武昌城内作为北伐军攻城的内应。陈潭秋在武昌城内发动群众，骚扰敌军，坚持斗争，配合北伐军攻城。一天晚上，他组织群众上街贴出了"北伐军五百多人化装进城了"的标语，同时又在城内传播"北伐军明天要攻城"的消息，以至上海《民国日报》有"北伐军便衣别动队，散发传单……军警防不胜防"的报道，迫使敌军昼夜防守，精疲力竭。8月27日下午3时，有群众数人在武昌蛇山抱冰堂附近抛掷炸弹，敌惊恐万状，"武昌之炸弹声，吓煞吴佩孚"。

武昌城被北伐军围困月余，城内粮食早已断绝。为了坚持斗争，陈潭秋领导群众觅寻多种代食品，如芭蕉树心、鸡冠花、菊花叶、辣椒叶，药店里的茯苓、白术、红枣、当归、熟地等都曾当食品用来充饥。紫阳湖内的鱼虾、莲藕更是美餐。被围困月余的敌军，已断粮多日，几次突围受到打击，斗志毫无，军心大为动摇。早在8月底9月初，董必武、陈潭秋就曾通过多种关系策动敌军内部起义。不久，敌军内部愿意起义者成立了"武昌攻城别动队总指挥部"，并向北伐军总政治部报告，愿为北伐军攻城的内应。

经过认真准备，10月10日凌晨1时，北伐军向武昌城发起总攻。叶挺独立团从通湘门附近架起云梯登城，首先冲进城内，由蛇山向江边发展，枪声大作，火花冲天。城内策应的起义军也出动向刘玉春司令部进攻。陈潭秋发动城内群众在空煤油桶内点燃鞭炮，顿时四处噼噼啪啪像机关枪扫射一样，敌军早已如惊弓之鸟到处乱窜。北伐军四处捉拿溃军，敌军自陈嘉谟、刘玉春以下一万余官兵均被俘获。武昌战役胜利结束，武昌城获得完全解放。11月1日，陈潭秋在《群众周刊》第一期上发表了《审判陈刘诸逆》一文，指出审判陈刘诸逆，是他们"罪有应得"。

北伐军攻占武汉三镇，标志着军阀吴佩孚在湖北的反动势力被推翻，它沉重地打击了帝国主义列强在武汉的势力，同时，又促进了工农革命群众运动的发展。如何巩固北伐的胜利，陈潭秋在1926年11月1日出版的《群众周刊》上，发表《汪精卫销假与革命前途》一文指出："国民革命军的胜利，不能说就是国民革命的胜利。"他在指出辛亥革命失败原因的基础上，提出了国民革命胜利的三条切实保证，"第一，要革命党的健全与发展，第二，要革命政治的统一与积极的建设，第三，要革命领袖诚挚的合作，不然，这个北伐的结果，又逃不出辛亥革命的覆辙"。

1926年12月，中共中央汉口特别会议决定中共湖北区委由蔡以忱、陈潭秋主管宣传工作，陈潭秋任《群众周刊》主编。陈潭秋先后在该刊发表了《审判陈刘诸逆》、《汪精卫销假与革命前途》、《国家主义派的惯伎》、《革命民众当前的一个紧迫问题》、《湖北工农商学联合会成立之意义及其工作》、《湖北禁烟问题》等文章，对认识革命形势与动员组织工农投入轰轰烈烈的大革命斗争起了很大的作用。

1927年1月21日，工人运动讲习所速成班正式开学，陈潭秋讲授《中国民族运动史》。他的讲授以革命理论联系中国近代社会实际，教育学员明确反帝反封建斗争是中国现阶段革命斗争的主要任务，要求大家动员和带领广大工农群众为完成此项任务而努力奋斗。

随着北伐的胜利，湖北农民运动在董必武、陈潭秋、陈荫林的重视和领导下有了比较大的发展。农民协会由秘密活动转向公开活动，国民党湖北省党部设立农民部，陈潭秋派陈荫林、聂鸿钧等大批共产党员参加农民运动工作。1927年3月4日在武昌召开了湖北省农民协会第一次代表大会。大会选举毛泽东为名誉主席，聂鸿钧、陈荫林、邓雅声等主持会议。这次大会把湖北农民运动推向了一个新阶段。与此同时，迅猛发展的农民运动遭到了敌人的诋毁，党内右倾机会主义领导人也错误地跟着叫喊农民运动"过火"。1927年6月19日，陈潭秋在省农协第一次扩大执行委员会开幕会上指出："各地来的代表聚在一起，一定有许多的材料，可以打破'过火'的谣言"，"自蒋介石背叛革命以后，大小军阀与土劣及一切反革命勾结，到处屠杀农民，这个意义，不单纯是屠杀农民，简直是要根本推翻革命的党和政府"。他进一步指出："农工运动是革命的基础，中国共产党代表工农阶级利益，中国自有农运以来，共产党即与之共生死，在这次农民被土豪劣绅大屠杀中，中共党员牺牲的不下三百余人，由此可见共产党员是与农民共生死的，我们决不畏缩，誓本革命初意，与各农民携手前进，最后胜利，必定归于我们。"在反动派惨杀农民、大肆破坏农民运动的"生死关头"，陈潭秋严肃地指出："如果党袖手旁观，则民众将渐次离开党，而革命前途，毫无希望。"

1926年11月，在武汉各界纪念苏联十月革命节的大会上，陈潭秋代表中国共产党发言，他号召向苏联学习，走十月革命的道路。他对青年学生运动也很重视。当时醒狮派（国家主义分子）在青年学生中搞欺骗宣传，陈潭秋就发动学生揭穿他们维护反动军阀统治、反对革命的真实目的。1926年12月1日，陈潭秋在《群众周刊》发表了《国家主义派的惯伎》一文指出："当北伐军与讨赤联军相持于长岳之间，武昌的国家主义派，派人到岳州向吴大帅的军队宣传，恭维他们是爱国的军队，说'凡反赤的军队爱国的军队'，到了北伐军攻克岳州，进攻汀泗桥的时候，他们又在汉口报纸上大登启事，声明他们对于北伐军并未加以攻击，像这样八面玲珑的态度，原是他们的惯伎。"

　　1927 年 4 月，陈潭秋出席在武汉召开的中国共产党第五次全国代表大会。会上，毛泽东、蔡和森等提出"迅速加强土地斗争"的意见，陈潭秋表示党必须坚决支持和领导农民运动，"决不能畏缩"。大会选举了新的中央委员会，陈潭秋被选为中央后补委员。这期间，陈潭秋除以主要精力从事党的组织建设和工农运动外，还注意国民党的工作，在国民党第二十一次常委会上，他与董必武一起被推选为中央政治训练委员会委员。在党的"五大"上，由于陈独秀坚持右倾投降主义的错误领导，没有解决中国革命的紧迫问题。国民党新右派蒋介石对外投靠帝国主义，对内镇压工农革命运动，大革命的胜利果实有得而复失的危险，中国第一次大革命处在危急关头。对于反革命势力的联合进攻和党内陈独秀右倾投降主义的错误指导，中共湖北省委进行坚决的反击和斗争，并于 1927 年 6 月提出挽救革命危机的"工作要点"。主张积极争取团结国民党左派，大力发展工农运动，驳斥各种诋毁工农运动之言论，坚持实现革命目标。

　　革命形势日趋恶化，为应付突然事变的发生，1927 年 7 月 10 日左右，中共湖北省委在汉口召开了武汉地区党团活动分子会议，省委书记张太雷和陈潭秋主持了这次会议，省委认为随着蒋介石、夏斗寅、许克祥的叛变，汪精卫集团也很快会叛变，我们要作好应付突然事变的准备。省委宣布：已公开的党员立即撤出，或者去苏联学习，或者去九江追赶叶挺、贺龙的部队；没有公开的党员留下来坚持地下斗争。陈潭秋按照上级党组织的安排，顺江东下到江西，投入新的斗争。

 参加南昌起义

★★★★★

（31 岁）

1927 年 7 月中旬，武汉天气闷热，加上大革命失败之后黑云压城的政治形势，陈潭秋心情十分沉郁，但想到要去参加武装起义，痛痛快快地同国民党反动派大干一场，心情又有一些激动。次日近午，船抵团风镇，陈潭秋与陈萌林上岸召集黄冈县委扩大会议，部署了参加起义和转入地下斗争等事宜。当晚就与陈萌林和黄冈县委的干部陈学渭、胡亮寅等，继续乘船东下，于 7 月 20 日左右经九江到达南昌。

7 月 21 日，中共江西省委成立，由陈潭秋任书记。根据中央决定江西省委不公开活动，而是转入地下配合南昌起义。江西省委机关设在一个小酱园业主徐姓老夫妇的家里，陈潭秋办成商人，改名为徐国栋，宛希俨改名为徐国梁。不久，朱德向陈潭秋转达中央决定，要求江西省委为南昌起义作准备工作。于是，江西省委发动各人民团体，成立了"南昌市欢迎铁军大会筹备处"，积极做好各种接待工作。

8 月 1 日凌晨 2 时，南昌起义爆发，南昌的党组织和人民团体也相继出动，协助起义军消灭敌人，他们贴标语宣传起义的目的和意义，要求商户继续营业。这一天，起义前敌委员会宣布了以周恩来、宋庆龄、郭沫若等 25 人为委员的革命委员会成立。8 月 2 日，在南昌召开了庆祝八一起义胜利和革命委员会成立的军民联欢大会。革命委员会颁布命令，任命了革命委员会领导下的各专门委员会的主席和委员。8 月 3 日到 5 日，起义军相继南下，陈潭秋根据党中央的决定，仍留在南昌，继续领导江西省委，坚持地下工作。

起义部队南下后，反动势力疯狂反扑，工农民众和革命分子遭到迫害。反动政府通令取消一切民众团体的活动，到处捕杀革命分子和工农领袖，形势十分险恶。陈潭秋遵照党的八七会议精神，大力恢复、整顿各级党的组织，准备秋收暴动。他的工作有条不紊，指挥得当，短短两个多月就收到了显著成效。到1927年年底，在九江、鄱阳、永修、吉安、临川、赣州、靖安、修水、余干等十余县成立了县委，在宁冈、弋阳、横峰、乐平、瑞昌等地建立了特别区委，党员发展到了两千五百多人。省委还制定了专门工作计划，以加强土地革命和武装暴动的领导，使江西党的工作得到恢复和发展，工作也走上了正确轨道。为了明确党在当前形势下的任务，总结党的工作中的经验教训，江西省委决定于1928年1、2月间召开江西省党的第二次全省党代表大会。后来，由于陈潭秋调往江苏省委工作，代表大会推迟到1928年12月才召开。

在党中央工作

（1928-1932）

→ 巡视顺直省委工作

　　1928年春，陈潭秋偕徐全直奉命由江西省委调往江苏省委工作。陈潭秋任省委组织部长，徐全直在省委妇女部工作。不久，陈潭秋夫妇又奉调到中共中央组织部工作。当时他们住在上海北四川路，组织部机关设在张文秋家里，陈潭秋化装前往，但时间长了，难免被敌人密探发现。一天，陈潭秋被敌人密探窥视，处境十分困难。这时，中共中央北方局工作需要加强，多次请求中央派得力干部前往顺直帮助处理工作，于是党中央决定派陈潭秋以中央巡视员的身份到顺直巡视工作。

　　1928年6月26日，陈潭秋乘海轮前往天津。29日，陈潭秋到达天津后，在租界找了一个旅馆住下。然后，他按预定的联络信号去接关系。当时，国民党新军阀在津京地区加紧了对革命势力的镇压，白色恐怖比以前更加严重。几经辗转，直到7月7日，陈潭秋才与顺直省委接上关系。7月9日，陈潭秋参加了顺直省委常委会议，听取了顺直的党务工作报告，并传达了中央指示精神。他说：中央派我巡视顺直工作，任务是什么呢？"中央因久未接到顺直详细报告，只嘱我去考察实际情形，酌量指导并帮助顺直整理一切工作"，并嘱我注意："（1）北方民众对国民党有很大幻想，应加注意；（2）发展北方民众运动；（3）注意领导小资产阶级的斗争（如抗捐税争自由等），使之脱离国民党影响到我们影响下来；（4）召集顺直扩大会议，确定正确的政治路线与工作方针；（5）目前北方职运策略应是有组织的加入反动工会，领导斗争，争取群众，揭露国民党的罪恶。"顺直党委会议认真研究了中央精神，一致决定7月22日召开常委扩大会议，研究今后方针。7月11日，陈潭秋应邀出席了全国铁路总工会的会议，并在会上讲话。这次会议确定"以铁总名义发表宣言，以欠薪问题为中心，开展发动群众斗争"。同日，陈潭秋向中共中央写了巡视顺直的第一个报告《关于顺直党现状的报告》，使中共中央及时了解了顺直的情况。在报告中他说："顺直党过去完全在机会主义下生活着，……党员的观念与党的政策一直到今年春季仍是党的国共合作时期的旧路线。八七会议以后，……贸然决定暴动，实际上又犯了'左'倾机会主义的错误。"他认为："上次顺直的改组（指1928年1月至3月的第二次改组），应该是扫除机会主义，重新确定顺直党的正确政治路线，改组党的组织，建立党的基础的一个绝好机会，乃适得其反。现状顺直党各种不幸的现象积重难返，都不能不归根于那次改组会中及改组会后的恶劣影响。"陈潭秋认为顺直的问题是："没有正确的政治路线；纪律废弛；没有整个的工作计划；各级组织只有形式；省委与各县委的关系不太密切；干部人才太弱，而且缺乏等等"。关于顺直工作整顿的办法，陈潭秋认为"根本的问题是党本身的问题"，"应当从整顿党入手"。他提出的具体意见是："（1）确定顺直党的政治路线；（2）补充省委，建立健全的指导机关，实行集体指导；（3）建立党的纪律，认真地实行民主化；（4）整顿各级组织，严格登记；（5）培养干部；（6）紧密各级组织，省委常委须轮流有两人或三人经常巡视；（7）加紧宣传工作。"据此，为开好顺直省委扩大会议，陈潭秋、刘少奇等进行了认真的准备。

　　正当顺直省委在陈潭秋的领导下，准备召开扩大会议之时，接到中共中央7月7日来信。信中认为：顺直省委纠纷甚复杂，主张停开大会，并指示陈潭秋会同刘少奇帮助省委纠正过去的错误，协同工作。同时，来信要陈潭秋去保南巡视一趟，同保南负责人来省委讨论解决保南问题的办法。然后，会同刘少奇与省委、保南两方的负责人一道，将解决的意见拿到中央去研究，以彻底解决问题。接到中央上述指示，陈潭秋立即与刘少奇交换意见。陈潭秋诚恳地谈了自己的看法。他认为：召开省委扩大会议，"纠正党内过去的一般错误，重新确定顺直党的政治路线与工作方针"是当务之急。他说："在我到天津两星期以前，顺直省委已经感到工作的错误与缺点，以及党内的危机，曾经提出党务问题，经过三四日长期的批评与讨论，大家都有积极整顿的决心，并决定召集扩大会议作全盘的整顿。"再者，"据省委及 CY 同志的报告，保南方面大多数同志是积极的，他们诚意要求召开全省代表大会或中央派人召集扩大会议解决"问题，"且会期已近，事实上也非开不可"。陈潭秋进一步说："我觉得保南问题或可在扩大会议中得到大体的解决，如万一不能解决，再执行中央所指示的办法。"陈潭秋这些结合实际的分析，得到了刘少奇的完全赞同。于是他和刘少奇一面联名向中央写信，阐明自己的看法，请求中央批准；一面积极准备扩大会议的工作。经过紧张的准备，7月22日，顺直省委扩大会议在陈潭秋的主持下正式开幕。鉴于顺直党内意见分歧、思想混乱状况及1月改组会议的教训，陈潭秋认为扩大会议应集中解决几个迫切需要解决的问题。他把会议参加者分为政治问题决议案、组织问题决议案、职工问题决议案、农运决议案四个讨论委员会，先由各委员会分组详细讨论，作了初步决议案，交会议最后讨论通过。在会上，陈潭秋一再向到会代表说明扩大会议是"纠正党内过去一般错误，确定正确的政治路线与工作方针"，他引导会议向"积极的、前进的、建设的"方向发展，认为会议不应当被"消极非政治的个人是非"所干扰。在扩大会议中，他注意"发展积极的讨论，使会议的注意力也完全集中到积极的方面来，对于过去错误的批评也尽量着重于有重大政治意义的问题，讨论时更极力避免对个人的意气攻击，而加重组织的责任。自然应由个人负责的错误仍归之个人。因此，对于省委与个人的错误及保南问题，均先在小委员会中作详尽的批评与讨论，将结果向扩大会报告，并抽出有重大政治意义的问题，重新讨论，其他小的技术问题，只要已包含在结论中的即不补充讨论"。

省委扩大会议在陈潭秋的正确引导下，对省委过去所犯错误的责任问题，作了实事求是的分析，通过了"顺直目前政治任务"、"组织问题"、"职工运动"、"农民运动"、"士兵运动"及"纪律问题"六个决议案。由于会前进行了充分准备，加上会议主持人的正确引导，会议对省委过去的错误分析是实事求是的，对干部的组织处理是恰当的，大家心服口服，会议开得比较顺利，正式会议仅一整夜就解决了问题，整个会议于7月23日胜利结束。由于旧省委存在的问题，代表们不信任他们，扩大会议决定改组顺直省委。陈潭秋和刘少奇根据掌握的情况，广泛听取到会者的意见，共同提出一个有个别旧省委委员参加的新省委委员会的名单。在表决时，会议一致通过了这个新省委的名单。这次扩大会议，停止了"左"倾的暴动政策，制订了正确的政治路线，改组了省委，加强了省委与各县的联系，对克服当时顺直党内的混乱起了一定的作用。

1928年8月，陈潭秋回到上海，于9月9日将巡视顺直的情况向党中央作了详细的书面报告。10月上旬，出席党的"六大"并被选为中共中央秘书长的李立三回到上海，他指示陈潭秋再次到顺直，传达、贯彻党的"六大"决议精神。陈潭秋没有出席党的"六大"，但在后来的六届三中全会上被选为候补中央委员。他再次去顺直，是以中央特派员的身份去领导北方局工作的，由中央特派员陈潭秋、刘少奇、韩连惠三人，以"谭少连"的名义代行北方局的工作。韩连惠任书记，刘少奇主管组织，陈潭秋主管宣传，詹大权任秘书。

10月13日，陈潭秋再次来到天津。他先与刘少奇、韩连惠一起学习讨论了中央指示精神。10月28日，他们三人去函京东傅蔚如，通知暂停京东党的一切活动，停止省委职权，顺直所有一切工作，暂由"谭少连"直接负责处理。陈潭秋于11月28日向党中央写了第二次巡视顺直工作报告，汇报了自己对顺直党的现状的看法，并提出了如何处置的意见。同日，他又给中央常委会写信，请示关于顺直问题的处置办法，11月17日又向党中央报告了为什么要停止顺直省委职权的认识与意见。接着，他们分头去各地调查，听取党员群众和基层干部的意见。刘少奇去唐山，徐彬如去平绥线，陈潭秋则去了平汉线，到保南、保北进行调查。经过半个多月的实地了解，他们发现保定地区党组织的根基依然存在，工农群众是向着党的，不像他在省里听到的那种情况。12月初，调查工作结束，返回天津。12月6日，他和刘少奇、韩连惠联名向党中央写了《关于北方党纠纷问题》的报告。12月11日，在汇报会上，陈潭秋详细地汇报了巡视保定地区党组织的情况。所有这些都为更好地贯彻执行"六大"决议精神作了充分准备。

不久，陈潭秋接到党中央来电，得知周恩来即日来津，传达"六大"精神，解决北方党的问题。12月中旬的一天，周恩来乘船抵津，次日，陈潭秋向周恩来汇报了北方局的现状和扩大会议的筹备情况，刘少奇、张昆弟作了补充。最后确定省委扩大会议于12月下旬召开。会议准备工作分工如下：陈潭秋负责会议文件起草；刘少奇负责组织人事和代表资格的审查；周恩来负责政治报告的起草，主要传达"六大"决议精神。

顺直省委扩大会议于1928年12月下旬在天津法租界西开教堂开幕。会议由陈潭秋和刘少奇轮流主持。周恩来在会上作了政治报告，传达了"六大"精神，并结合北方党的情况，讲了如何贯彻"六大"决议的问题。陈潭秋就顺直党的现状及当前任务作了报告，他指出：北方各地的党组织是有基础的，广大党员干部也是好的，同南方比较起来，白色恐怖对党组织的摧残与破坏，相对地说比较少些，主要问题是省委领导受"左"倾盲动主义路线影响，路线不够端正，领导成员不能按民主集中制的原则办事。北方党组织当前任务，就是要认真贯彻"六大"政治路线，实行"积蓄力量，以待时机"的方针，整顿党的组织，发展党的工作，迎接革命高潮的到来。会议通过了由陈潭秋主持起草的、周恩来最后定稿的《顺直党的政治任务决议案》、《顺直省委农民运动决议案》、《顺直省委青年工作决议案》、《顺直省委妇女工作决议案》等。会议根据中央的指示，组织了新的顺直省委（即北方局）。陈潭秋任宣传部长。这次会议，对革命低潮形势下的北方党组织，恢复党的工作，坚持正确路线，开展正确的党内斗争，起了积极的作用。

1928年11月，在陈潭秋的主持下，创办了顺直省委党内刊物《出路》。陈潭秋为《出路》创刊号写了发刊词，为第二期写了《卷首语》，他指出：《出路》是顺直党内教育训练的刊物，宣传党的决议，介绍党内训练方法和经验。对一些党内有分歧的问题，采取辩论的方式，各抒己见，以统一思想认识，把那些不好的倾向，在斗争中洗刷净尽。"对于顺直党的出路"，"到了解决的时期"了，现在中央有明确指示，详细的分析，具体的办法，希望同志们为充分发表意见，以达到建立"党的无产阶级意识"

的目的。《出路》第五期上陈潭秋发表了《打破群众对国民党的幻想与争取群众》的文章，他指出："只有发动群众的斗争，才能打破群众对国民党的幻想，只有加紧党的宣传，才能争取群众到党的方面来。"《出路》杂志刊登的指示和重要论文，对北方党的建设起了重要的作用。该刊于 1929 年 8 月被迫停刊，共出刊十三期。这一时期，在陈潭秋领导下，还出版了《工人画报》、《北方红旗》、《士兵呼声》，编印了《打倒国民党》《什么是改良主义》、《平奉斗争的经验与教训》、《革命常识》等数十种小册子。

自从陈潭秋巡视顺直工作以后，在顺直新省委的领导下，经过一年的努力，北方党的工作有了很大的进步。1929 年 6 月 20 日，陈潭秋向党中央写了《顺直最近工作状况》报告，指出："党的内部在最近期间确实有一个进步，政治水平有相当的进步……对于党的观念与认识也加强了很多"，党"在群众中有相当的政治影响"。

1929 年 7 月中旬，陈潭秋接到中央指示，调他回党中央工作。

巡视青岛、满洲

★★★★★

（33岁）

陈潭秋到上海党中央工作的时候,党的"六大"已开过一年了。在"六大"精神指引下，各地革命形势不断发展，迫切需要加强党对群众斗争的领导，然而产业工人比较集中的青岛（包括山东省）、满洲（包括东北三省）等地党组织屡遭破坏，中央不能及时得到那里的报告，对那里的斗争情况不甚了解。为此，党中央认为必须派得力干部前往青岛、满洲，传达党中央的最新决定，指导当地党的工作。中央经反复磋商，认为陈潭秋去最为合适。陈潭秋回到上海后，马上接收了新的任务。

1929年8月中旬的一天，陈潭秋乘海轮离开上海前往青岛、满洲，开始巡视工作。青岛，是陈潭秋这次巡视的第一站，中央原定任务有四项:(1)传达六届二中全会的重要决议与中央指示精神;(2)传达党对中东路事件的策略;(3)帮助青岛市委指导日资厂罢工斗争;(4)考察并指导青岛市委的经常性工作。1929年8月19日下午,陈潭秋抵达青岛。当晚他会见了青岛市委书记党文容,商定在青岛巡视工作的日程,并进一步了解青岛市工作情形。他在青岛八天,除分别找同志个别谈话了解情况外,还召开了各种会议。20日,陈潭秋在党文容家里开会,研究山东全省工作现状及山东省临时省委的组织问题。鉴于山东省委已遭破坏,大家同意组织临时省委。21日,召开了临时省委成立会,由王尽仁、党文容、曹克明三人组成临时省委。王尽仁任书记兼组织部长,党文容任宣传部长兼青岛市委书记,曹克明任巡视员。山东临时省委暂设青岛市。会议讨论了全省工作初步部署,决定以青岛、济南、淄博(淄川、博山)、潍县、德州、泰安六处为山东全省中心工作区域,并对各中心区的整顿和建立作了具体部署。会议还讨论了改组青岛市委,改善市委与基层支部关系、加强斗争观念、在斗争中发展组织以及领导日资工厂工人斗争的问题。会议决定8月22日讨论中东路事件和贯彻六届二中全会决议等问题。23日召集改组后青岛新市委会,后因与社会主义青年团的会议时间冲突,改在25日下午及晚上进行。

陈潭秋在青岛巡视期间,工作十分繁忙紧张,每次会前他要拟好报告提纲;会上要与同志们一道参加讨论,给予及时的具体指导;会后还要进行个别谈话,做调查了解工作,还要及时详细地向中央报告。8月26日,陈潭秋就要起程经大连到满洲巡视工作了，出发前他还不顾极度疲劳，吃了两片药，带病坚持写完了他对山东临委工作的五点建议：（1）临委应以中东路与日资厂斗争问题为目前最主要的中心工作；（2）9月第一周工作应很好地联系到中东路问题、日资厂斗争、反国民党以及群众的实际生活；（3）日资厂斗争行动委员会必须于27日召集成立，按临委的决议，开始进行工作；（4）几次会议的决议必须切实迅速执行，勿蹈清谈之弊；（5）作详细报告给中央。

　　1929年8月26日，陈潭秋自青岛乘海轮到旅大，随即改乘火车，赴奉天（今沈阳）。当时满洲的形势极为复杂、险恶。早在7月10日，在日本帝国主义和南京国民党政府的怂恿与支持下，奉系军阀制造了"中东路事件"，单方面撕毁1924年的中苏协定，以武力强占了中东铁路，驱逐了任职的苏方人员。这是帝国主义联合进攻苏联的露骨表现。中东路事件后，日本帝国主义加紧对满洲的侵略，企图占领中国东北，满洲党的组织遭到破坏。8月22日在奉天纱厂斗争中，满洲省委书记刘少奇、组织部长孟用潜（即孟坚）及纱厂支部书记均被捕。陈潭秋正是在这种艰险的形势下来到满洲巡视工作的。他刚到奉天时，与满洲党组织接不上头，后几经周折才联系上。8月31日，陈潭秋出席了满洲省临委组织的行动委员会会议，部署9月初反帝国主义的活动。9月1日满洲临委会讨论中东路问题，陈潭秋在会上做了关于中东路问题的分析与对策的报告，并决定要宣传中东路事件的真相。9月4日，他召集奉天市委活动分子会议，议程主要有三个：满洲新省委工作报告；中东路问题的报告；奉天市委工作报告。连续几天，陈潭秋向省市委传达了中央关于中东路问题的决定和六届二中全会精神，找省市委负责同志谈了话，了解了情况，研究决定了满洲省委工作计划，并且及时地向党中央报告了满洲省委的情况。同时，陈潭秋还抽出时间深入基层，听取群众反映和意见，了解满洲的政治经济状况及党务概况。

1929年9月4日，陈潭秋写出了《关于满洲政治经济及党务的报告》。报告对中东路事件后满洲的政治形势作了分析，陈潭秋指出：帝国主义想进攻社会主义苏联，但是他们首先是争夺中国的东北，我们只有正确认识帝国主义势力和军阀势力间的错综复杂的矛盾，才能制定党的正确路线和策略。陈潭秋还批评了"省委至今没有讨论过地方政治问题"，致使"省委同志对满洲政治现象不能观察清楚"，好似"盲人骑瞎马的乱撞，对许多问题无法解决"。满洲省委接受了陈潭秋的批评，"决定在最近三四日内讨论"。最后陈潭秋建议："中央必须加强注意满洲工作的指导与帮助"。

9月中旬，刘少奇获释出狱，经中央批准成立了以刘少奇为书记的满洲省省委。这时，陈潭秋已赴哈尔滨巡视工作。在陈潭秋的帮助下，新建立的哈尔滨市委总结了工作，提出了要利用中东路事件，推动党的工作开展；并规定哈尔滨市委的工作路线应当是加紧反对帝国主义进攻苏联的宣传，反对改良主义的欺骗宣传；立即成立哈尔滨职委会，把职工运动的日常斗争与目前总的斗争形势紧密结合。在党内，一方面要防止和克服取消观念的发展，同时也要防止"急性病"的倾向。此项工作计划，将由陈潭秋向满洲省委详细报告。

经过陈潭秋一个多月的巡视和帮助，满洲党的工作较为顺利地开展起来，向中央的报告也为党中央对满洲工作的指导提供了可靠依据。陈潭秋圆满地完成了党中央交给的巡视任务，10月4日，返回上海。

在中央组织部工作

★★★★★
（33岁）

1929年10月，陈潭秋被调到中央组织部任秘书，是组织部长周恩来的得力助手。当时，中央组织部总共不到十人，只有一个秘书和几个组织干事，人少事多。秘书主管组织日常工作，凡是有关组织方面的工作，先与秘书交换意见，随后由秘书向部长汇报，研究决定后，再由秘书负责处理。陈潭秋每日早上和周恩来交换情况，安排一天的工作，晚上10点以后，又向周恩来汇报并听取意见，工作十分繁忙。当时，中央组织部设在上海成都北路的爱文义路小菜场旁的一栋二层楼房内。房子由黄玠然和他的妻子杨庆兰作为房东出租给房客居住，以房东和房客的关系作掩护。这里是机关又是宿舍。陈潭秋和徐全直作为"新房客"搬了进来。

周恩来当时是中央政治局常委、中央军委书记，他不仅负责中央军委和中央组织部的工作，而且担负中央特科的领导工作。同时，他还是共产国际的委员，担负与共产国际代表商讨工作的任务。中央组织部担负的任务当时又是异常艰巨的。大革命失败后，全国各地的党组织都处于恢复和重建阶段，几乎每天都有各省、各地区的同志到中央汇报工作，要求帮助解决问题。在侦探密布的情况下，要十分谨慎地接待来上海的一批又一批同志，帮助他们解决组织关系、恢复组织关系，工作任务十分艰巨。陈潭秋亲自接待全国各地党组织派来请示和汇报工作的同志，也要接待和帮助各地失去组织关系的同志解决组织关系和安排工作。他待人诚恳、和蔼，坚持原则，善于应付复杂的地下斗争环境。他不畏艰险，行止从容镇静。他多次巧妙地摆脱敌人的盯梢、尾随，安然无恙地回到组织部机关。在这段时期里，陈潭秋虽在白区工作，但对苏区建设极为关注，及时总结经验，提出好的建议。1930年5月15日，他在《党的生活》上发表了《党与苏维埃的关系》一文，指出党委正确认识和处理与苏维埃政权的关系，并总结了八个方面的关系。陈潭秋最后强调说："这些关系的正确建立，才能使群众了解苏维埃是他们自己的政权机关，他们必然要竭力拥护，同时要他们了解共产党是领导苏维埃的先进的阶级组织，而热烈地乐意地来拥护它，接受它的领导。"

主持满洲省委工作

（34—36岁）

1930年8月底，党中央派陈潭秋到满洲省委担任领导工作。当时他住在沈阳北市场烟厂附近一所民房里。1930年6月，李立三"左"倾错误在党内占领导地位，在这种"左"倾错误指导下，满洲省委也改组为准备武装起义总行动委员会。陈潭秋到沈阳后，改组了满洲总行委，他任总行委书记，化名孙杰。对于李立三"左"倾错误，陈潭秋也受到很大影响。1930年6月中央政治局会议以后，中央召开了一次组织工作会议，从组织上推行李立三"左"倾错误。陈潭秋曾是这次会议的秘书。这时，他对革命形势也做了不切实际的估量，认为"革命高潮的条件，已经成熟，在任何时候任何事件上都可以暴动起来"，"反动统治阶级在群众面前发抖"等。因此,陈潭秋接任满洲省委书记后,在组织上还是接受了李立三"左"倾错误的指导。这表现在 1930 年 9 月发出的《满洲政治形势及党的任务与工作路线的决议案》上,认为革命形势是"夺取政权的前夜",可以"根本推翻帝国主义与国民党、军阀的统治,建立苏维埃政权"。1930 年 9 月,陈潭秋参加了开始纠正李立三"左"倾错误的六届三中全会。在会上,陈潭秋积极参加了对李立三"左"倾错误的批判,被选为中央审查委。

10 月中旬,陈潭秋、林仲丹从上海回到沈阳,11 月 16 日,召开了满洲省委扩大会议,进一步贯彻六届三中全会精神。陈潭秋主持了这次会议,在会上他带头检查了过去的工作,指出了过去对满洲形势的估计,忽视了满洲和中国南部的区别,以及满洲内部革命形势发展的不平衡,犯了冒险的错误。会议系统地总结了贯彻"立三路线"所犯错误及其危害,明确了满洲省委今后的工作方针。会议撤销了总行委,恢复了满洲省委,推选陈潭秋为书记,恢复了省委各方面的工作职能。经过几个月的艰苦工作,使各方面的工作得以恢复和发展。正如满洲省委 11 月扩大会议文件所指出的:满洲党有了很大的进步,已经把党从凌乱不堪、大半解体的状态中挽救出来，建立起比较巩固比较有群众基础的党。

1930年12月初，陈潭秋协同王鹤寿去哈尔滨巡视工作。主要任务有三：第一，布置纪念广暴（广州起义）工作及传达目前紧急任务；第二，布置与计划中东路斗争；第三，参加北满于12月15日召集的扩大会议，贯彻六届三中全会精神。陈潭秋等12月5日到达哈尔滨。7日，在北满特委书记孟坚原住的一个公寓里召开了党团特委联席会议，研究召开北满特委扩大会议的准备工作。出席会议的有陈潭秋、王鹤寿、孟坚、葛凤明、金明哲、陶敏等八人。会议从下午1时开始，一直开到9时半，刚要散会时，遇到警察巡视公寓，他们撞入房内，盘查搜索。这处住所，原是孟坚租用，现已搬家，东西虽搬得差不多了，但少量没搬干净的文件落到了敌人手中，于是除两人跑脱外，陈潭秋等六人被捕。开始，他们被关押在哈尔滨警察厅，不久，又转移到中东路护路司令部道外监狱受审。陈潭秋估计到敌人并没有发现他们是开特委会。于是，集体编造了口供，以对付敌人的审讯。敌人用坐老虎凳、灌辣椒水等多种酷刑，想迫使他们招供。可是，陈潭秋等人口供始终如一，敌人黔驴技穷，无计可施，最后只得以非法集会判刑，孟坚因是主人，判刑七年，其余客人，判刑四年。

陈潭秋等人被捕后，在沈阳的满洲省委推举省委组织部长何成湘为书记，代理陈潭秋的工作。并派熟悉北满情况的唐宏景去哈尔滨，组织北满临时特委。同时，省委派特科的同志去哈尔滨，设法营救陈潭秋等人，但因敌人防守严密，未能奏效。1931年1月重新组成了以张应龙为书记的满洲省委，六届四中全会后，中央派罗登贤为中央代表驻满洲省委。

不久，出席六届四中全会的唐宏景被捕，并与陈潭秋等关押在一起。陈潭秋请唐宏景介绍监外情况，唐宏景把四中全会在国际代表支持下，使王明等人夺得了党中央的领导权，他和罗章龙反对王明等人，成立了非常委员会的情况说了一番。听后，陈潭秋严肃地对唐宏景说："你这说的是一面之词，我们不便表态。党内斗争是必要的，不过你们分裂党是不应该的。"这种高度的原则性，使唐宏景认识了自己的错误，表示要退出罗章龙组织的非常委员会。

1931年九·一八事变发生，东北形势急剧变化，陈潭秋等人通过秘密渠道加强了同满洲省委的联系。1932年春夏之间，日本侵略者已占领了满洲大部，奉系军阀一片混乱，放松了对历史案件的审理。这时满洲省委加紧营救活动，他们通过孟坚的哥哥用金钱买通了当时哈尔滨伪军区司令于琛澂，首先将孟坚保释出狱，之后又将陈潭秋等被捕同志全体营救出狱。陈潭秋出狱后，回到上海，听候党中央分配工作。

从白区到中央苏区

(1932—1935)

➡ 任中共江苏省委秘书长

★★★★★

　　1932 年 7 月，陈潭秋回到上海，党中央原打算让他休息一段时间，恢复他那在狱中受到摧残的孱弱的身体。可是，陈潭秋却要求马上安排他的工作，经过再三请求，党组织答应了他的要求，分派他任中共江苏省委秘书长。江苏省委在上海大连湾租了一栋房子，作为江苏省委机关。陈潭秋和妻子徐全直带着孩子俊俊和平平住在楼上（俊俊即女儿赤君，平平即儿子陈鹄），王学文和他的爱人刘静淑住在楼下。为掩护党的工作，两家以亲戚相称。王学文的孩子叫陈潭秋为"舅舅"，陈潭秋的孩子叫刘静淑为"姑妈"。这里还是中央与省委、区委接头的机关，暗号是"姑妈开门"。

　　陈潭秋来到江苏省委工作的时候，正是

一·二八事变之后，蒋介石屈服日本侵略者的压力，于5月5日签订了卖国的《淞沪停战协定》。十九路军被迫调离上海，开到福建去了。上海人民的抗日民主运动由于蒋介石的疯狂镇压暂时处于低潮。在革命暂时低潮的形势下，党内有的意志消沉，有的思想混乱，对形势认识不清，不知如何战斗。

在这种形势下，怎样领导工人群众的罢工斗争？陈潭秋从调查研究入手，深入实际，找了许多党的干部和群众组织的积极分子谈话，并亲自到日资工厂找工人积极分子促膝谈心，了解工人群众的思想状况，引导广大群众正确地总结经验教训。他认为："今后我们的工作，要由前些时的公开工作转变到秘密状态，把公开工作和秘密工作结合起来，继续反对日本帝国主义，反对蒋介石的卖国投降；要扩大统一战线，除了工人以外，职员、教员、学生都要联合，要为抗日组织广大的队伍。同时，斗争中要特别注意策略，做到有利、有节，每次罢工在取得一定胜利后，要适可而止，保护群众的积极性。"

为了提高党员干部和群众的政治水平和理论水平，增强党员遵守党的纪律的自觉性，以适应复杂的险恶的斗争形势，在陈潭秋的领导下，江苏省委开办了工人、干部培训班。训练班的课程有：政治形势报告、中国革命问题、工人运动的历史经验等。鉴于险恶的地下斗争环境，训练班定为七天一期，每期培训人数为六七人。陈潭秋亲自讲课，王学文辅导。由于陈潭秋有丰富的革命斗争经验和较高的理论水平，他讲课理论联系实际，深入浅出，通俗易懂，深受工人、干部学员的赞赏。

　　培训班一共办了三期，前两期培训的是工人积极分子，后一期培训的是党员干部。三期共培训三十余人。

　　在陈潭秋等人的正确领导和策略指导下，江苏、上海地区的党组织和革命群众运动逐步得到了恢复和发展，保存了革命力量，减少了不必要的牺牲。

 到中央苏区工作

★★★★★
（37岁）

　　中央苏区，这是战斗在国民党统治区的革命者日夜向往的地方。1933年初，党中央决定调陈潭秋偕徐全直去中央苏区工作。他俩得此消息，欣喜万分，按捺不住自己激动的心情，彼此商量着，赶紧处理完工作交接手续，料理好家事，及早起程赴中央苏区接受新的任务。可当时徐全直怀孕且临近产期，经不得长途跋涉。他俩反复商量，征得组织上的同意，决定陈潭秋先行，徐全直等分娩后赴中央苏区。为了不影响革命工作，他俩商定将要出生的孩子寄养到他哥哥家中。是年2月22日，陈潭秋给他的三哥（春林）、六哥（伟如）写信。他在信中写道："我始终是萍踪浪迹，行止不定的人"，为了革命"南北奔驰，今天不知道明天在哪里。这样的生活，小孩终成大累，所以决定将两个小孩送托外家抚养"。现在"直妹又快要生产了，这次生产以后……准备送托人，不知六嫂添过孩子没有？如没有的话，是不是能接回去养？""望两兄能允许"我的请求。这种为革命利益不计个人家庭得失的高贵品德，表现了一个共产主义者为了全人类的解放事业而不惜抛弃个人一切的高尚情操。正是这

△ 1933年陈潭秋写给三哥、六哥的信

种高尚的革命情操，激励着每一个革命者为革命事业而南北奔驰，奋斗终生。

1933年初夏，陈潭秋和谢觉哉扮成商人从上海出发，取道广东汕头，前往中央苏区。当时中央苏区正在开展反对所谓"罗明路线"的斗争。在福建批判所谓"罗明路线"的右倾机会主义，在江西反对邓（小平）、毛（泽覃）、谢（维俊）、古（柏）的所谓"反党派别"。这一斗争的实质，是排斥、打击毛泽东在中央红军和中央苏区的领导地位，以便在中央苏区全面推行王明"左"倾冒险主义。正在这时，陈潭秋来到中央苏区，被分配到中共中央党校，任校党委委员，兼授中国革命史课程。他以长期革命斗争的实际经验，联系实际的讲解，深受学院欢迎。他教书育人，抓住学员的思想问题，给他们做思想政治工作。

临时中央撤换了一大批犯所谓"罗明路线"错误的干部，将他们调到党校"学习"。这些学员思想不通，心里很苦闷。陈潭秋与他们谈心，要他们多想革命大局。福建省委代理书记罗明也被调到党校任教育长，实际上是受批判。陈潭秋劝导罗明说："革命道路很长，革命还要发展，你要想开些。"在当时反"罗明路线"盛行的环境里，不是去批判罗明，而是说这些鼓励的话，这也是难能可贵的。后来罗明回忆说："我当时听了这些话，已经感到很温暖。"

➡ 任中共福建省委书记

1933年6月下旬，陈潭秋调往福建，接替陈寿昌任中共福建省委书记。于是，陈潭秋就从瑞金来到了闽西的长汀——福建省委所在地。当时福建省委辖有长汀（汀州）、连城、龙岩等闽西11个县。福建省委设在长汀城内，后因国民党飞机常来轰炸，陈潭秋到任后不久，就将省委机关从城内搬到东门外大浦乡农村去了。那时省苏维埃主席是张鼎丞，省委宣传部长是方方，省委组织部长是郭滴人（原名尚宾），秘书长是温仰春，妇女部长是李坚贞，青年团省委书记是刘英。当时省委的紧急任务是扩红（扩充红军）、筹粮（筹集粮食支援前方），为粉碎敌人的第五次"围剿"作准备。

蒋介石在对苏区的第四次"围剿"失败后，

并没有甘心服输，而是亲自出马，准备对中央苏区发动更大规模的"围剿"。这时，敌十九路军已进至闽西复地，占领了上抗、永定、龙岩等根据地的中心区域，闽西局势比较严重。

为了使福建党认清斗争形势，1933年10月26日，陈潭秋主持召开了中共福建省第三次代表大会，并在会上作了《中共福建省委工作报告大纲》，正确地分析了当时的形势，提出了福建党的任务。大会对他的工作报告进行了热烈的讨论和研究，许多地方代表在会上发表了许多很好的意见，最后大会作出了相应的决议。决议指出当前全省党的中心任务是"扩大红军，征集粮食，推销公债，搞好生产"。大会选举了陈潭秋、张鼎丞、郭滴人、方方、李坚贞等为省委常委，陈潭秋集中抓了三次大的扩红运动。在他亲自带动下，省委机关干部都深入到基层去了。在长汀、连城、兆征、代英等县每次都动员成百上千的青年参军，整团编入主力红军，所以头两次扩红任务都完成得很好。最后一次，因已近年关，各种工作繁忙，加之根据地缩小，所以扩红工作进展缓慢，没有达到上级规定的任务。对此，陈潭秋如实地向临时中央反映了情况，但却被污蔑为右倾。

第一任粮食部长

★★★★★

（38 岁）

1934 年 1 月，临时中央给陈潭秋错误地加上"右倾机会主义"的帽子，撤销了他福建省委书记的职务。但由于陈潭秋在福建苏区的群众中有较高的威望，仍然被推选为出席第二次全国苏维埃代表大会的代表。1 月 21 日，中华苏维埃共和国第二次全国代表大会在瑞金隆重召开。陈潭秋、张鼎丞、刘英作为福建代表出席了大会。陈潭秋被选为大会主席团成员。大会总结了两年来中国苏维埃运动的历史经验，提出了苏维埃今后的战斗任务。大会通过了苏维埃宪法修正案和各种提案的决议案，选举了新的苏维埃执行委员会、人民委员会主席，任命了中央人民委员。陈潭秋被选为中华苏维埃共和国中央执行委员，并被任命为中央粮食人民委员（即粮食部长）。

当时正值国民党反动派以 50 万兵力 200 架飞机向中央苏区发动第五次反革命"围剿"的严重时刻，前方需要的粮食量既大又紧迫，收集粮食成了保证红军供给的头等重要任务。中央粮食人民委员就是为了适应粮食征集工作的需要，由中华苏维埃共和国中央政府新设的一个部。陈潭秋是中国苏维埃共和国第一任粮食部长。由于首创，一切都得从头做起。

陈潭秋到任后，一方面组建各级粮食局，建立机构，另一方面立即紧急动员机关干部积极参加春季收集土地税和发行谷子公债的突击运动。当时根据地一天天缩小，粮食需求量一天天增加，在这种困难条件下，由于党组织和苏维埃政府的大力动员，陈潭秋领导的粮食部门充分依靠群众，得到苏区广大群众的热烈拥护，仅仅一个半月，就完成了春季粮食收集任务。

△ 1934年粮食人民委员陈潭秋签发的米票

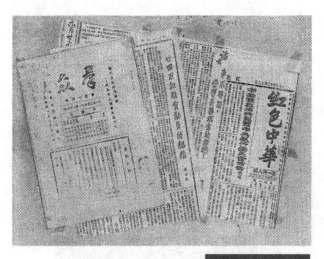

为了支援红军作战，当时中央人民委员会决定在机关干部中发起每人节省三升米运动。陈潭秋及时写了《节省运动开展到群众中去》的社论，发表在1934年4月16日《红色中华》上。文章强调指出"各级政府特别是各级粮食部门要最紧张最负责地来领导这个运动，具体估计群众的情绪与群众粮食的情况，规定切实的计划与动员方法，组织群众的节省竞赛和节省号召"。陈潭秋以身作则，带头节粮，中央粮食部全体工作人员在原来节粮的基础上每天每人再节省二两米（当时机关干部每人每天定量老秤14两米），从4月21日起开始实行，并向各机关发出了节粮的挑战。中央财政部、中央教

△ 1934年粮食人民委员陈潭秋签发的借谷票

育部、中央劳动部及各省县机关等热烈响应这一挑战，并提出了应战的具体措施，整个苏区很快形成了一个轰轰烈烈的"节约三升米捐助红军"的运动。5、6月间正是南方青黄不接的时节，为了保证红军的供给，党中央和中央人民委员会决定再向群众借谷24万担。这是一个十分艰巨的任务，在一部分干部中产生了畏难情绪。陈潭秋率领工作人员深入到区乡进行调查访问，了解群众存粮的情况和情绪，做到心中有数。同时，大力开展宣传，向群众讲明借谷的道理，耐心细致地做好动员工作。在借谷运动中，他们坚决而又灵活地执行中央政府对筹粮、借谷的政策，决定全部没收地主的余粮，根据具体情况征收富农的余粮。到 7 月中旬，各地粮食源源不断地入仓及时转运。在借谷中，陈潭秋主持粮食人民委员会印发了中华苏维埃共和国借谷票，有 100 斤、50 斤等多种票额，票面当中有一幅反映苏区广大工农群众热烈支援红军的图画，给人们留下了深刻的印象，有些苏区群众一直把这种借谷票保存到全国解放。

1934 年 8 月，苏区进入秋收季节，中央红军根据需要和群众的可能，决定秋收后再向群众借谷 60 万担，买谷 10 万担，征收土地税 30 万担，共计筹粮 100 万担。这次收集粮食的任务，在陈潭秋的正确领导下，充分依靠了苏区的群众，也基本上完成了任务，满足了中央红军供应要求。不久，中央红军准备转移，急需一批粮食路上吃，上级给粮食部门下达了紧迫而艰巨的任务。当时农村缺乏大粮仓，运输条件又较差，在很短时候内要集中几十万斤粮食很不容易，而要把这几十万斤稻谷碾成米就更困难了。面对困难，陈潭秋从容不迫，统一筹措，昼夜不眠地工作。他发动群众，上下齐动手，军民共努力，老幼皆上阵，终于完成了红军转移前的粮食准备任务。他说："我们首要的任务是解决红军转移携带的粮食，同时也要给留下的部队准备好粮食，还要安排好群众的生活。我们应该有这个通盘考虑。"党和群众一致称赞陈潭秋不愧为人民的好粮食部长。

徐全直遇害

★★★★★

（38岁）

1934年春，正当中央苏维埃征粮突击运动紧张进行的时刻，传来了一个不幸的消息，陈潭秋的夫人徐全直被国民党反动派杀害于南京雨花台，这一晴天霹雳，使陈潭秋陷于无比的悲痛之中。

徐全直，又名虔知、宛明，湖北省沔阳县脉望嘴胡家台子人，1903年2月7日出生在一个贫苦农民家庭。徐全直有姐妹四人，兄弟一人，她排行第二，家里人都亲切地称她为"二妹子"。1910年她和姐姐徐全德被送到湖北武汉女子师范附属小学读书。1919年春考入湖北省立女子师范就读。1921年暑假，参加了由陈潭秋发起的妇女读书会。1922年2月开始，参加了反对校长王式玉无故解聘进步教师刘子通的女师学潮运动。是年，她加入了社会主义青年团。在经历了女师学潮和京汉铁路工人大罢工斗争的严峻考验之后，她于1923年参加了中国共产党。1924年5月，她出席了中国社会主义青年团安源地方委员会第五次代表大会，在会上被选为地委委员。1924年春，与陈潭秋结为革命伴侣。

1925年6月，武汉妇女协会成立，徐全直担任了《武汉妇女》旬刊的编辑，负责对外联络。她以宛明的笔名在《武汉妇女》第六期上发表了《妇女运动的派别和正确方针》的文章，指出：只有劳动阶级的妇女运动，才是妇女运动的方向。为此，她常到工厂去，办识字班，交结女工友，领导女子斗争。

1933年初夏，当陈潭秋行将离开上海时，徐全直生下了第三个孩子。由于陈潭秋行期已定，他只得匆匆地安排了孩子寄养的地方，就起程赶赴中央苏区了。

徐全直出院后，没有回到原住的北四川路，而是寄居在同乡潘怡如的家中，准备把刚出生的孩子暂时寄托在此，等武汉来人接回黄冈家乡，托六嫂徐少文抚养，并打算尽快去中央苏区。1933年6月22日上午，徐全直来到上海厦门路56号——党的秘密联络点交接工作，不期这个秘密联络点已被敌人破坏。她发现情况异常，立即转身离去。可是，早已隐藏在四周的国民党特务一拥而上，用黑布蒙住徐全直的眼睛，把她押走了。起初她被关押在国民党上海公安局的监狱里。特务们初审她时，为掩护党的组织，保守党的机密，她声称自己名叫黄世英，从湖北乡下来上海投亲访友找工作。不久，她被从上海秘密押送到南京宪兵司令部。

在狱中，徐全直顽强地同敌人进行坚决的斗争。在敌人法庭上，她揭露国民党祸国殃民的罪行，利用监狱放风的机会联络同志，鼓励难友坚持斗争。她常对难友说："不能做对不起党的事情，到了这里就要把自己的生命贡献给党。"为了改善政治犯的生活条件，她秘密串联狱中党员，团结其他难友，向狱方提出了改善政治犯待遇的条件，并举行了绝食斗争，迫使狱方不得不同意他们提出的条件。国民党反动派以莫须有的罪名，给徐全直判了刑。她的老母亲得知后，十分焦急，四处奔走，设法营救。后来通过徐全直父亲的好友范某，找到了当时浙江省主席张难先出面活动。国民党反动当局答复说，必须先送反省院反省，然后看表现保释。徐全直识破敌人的阴谋，当即向范某表示：宁为革命死，绝不去反省院。

反动当局看到软硬兼施对徐全直都不起作用，竟以"拒绝坦白自新，诲谩公职人员，妨碍他人自新，不可理喻"罪名，改判徐全直死刑。1934年2月的一天深夜，国民党南京宪兵司令部看守所里戒备森严，徐全直知道到最后献身的时候了，她镇定自若，告别难友，走出监狱。在"打倒国民党反动派！""打倒蒋介石卖国贼！""中国共产党必胜！""中国共产党万岁！"的口号声中，中国共产党的优秀党员、我国妇女运动先驱徐全直，在南京雨花台献出了宝贵生命，时年 31 岁。徐全直牺牲后，党的同情者将她的遗体葬于南京水西门外，矗立墓碑，上书"古复（沔阳）徐全直女士之墓"。

陈潭秋得此消息后，悲恸万分，追思起自己共同战斗十余年的战友和亲人，许多往事历历在目。他忍悲含痛，化悲痛为力量，决心完成烈士未完成的事业。

转战闽西南

★★★★★ （39 岁）

1934 年 10 月，由于王明"左"倾机会主义的错误指挥，第五次反"围剿"斗争遭到了失败，中央红军主力被迫转移。

为了牵制敌人，保护中央红军顺利转移，中共中央决定在中央苏区设立中共中央分局、中华苏维埃共和国政府中央办事处和中央革命根据地军区，并留下三四万红军坚持苏区革命斗争，中央分局由项英、陈毅、陈潭秋、瞿秋白、曾山、贺昌、邓子恢、张鼎丞、谭震林、梁伯台、毛泽覃、汪金祥、李才连等组成，项英任中央分局书记和中央革命根据地军区司令员兼政委，贺昌任政治部主任，陈毅任中央办事处主任，陈潭秋任中央分局组织部长，瞿秋白任中央分局宣传部长，汪金祥任中央分局保卫局长。中共中央规定中央分局和留守部队的任务是：牵制敌人，掩护主力红军转移；保卫中央苏区，保卫土地革命的胜利成果，在中央苏区及其周边进行游击战争，使侵占中央苏区的敌人无法稳定其统治，并配合主力红军，在有利的条件下进行反攻，划定瑞金、会昌、于都、宁都四个县城之间的三角地区为基本游击区和最后坚持的阵地。但项英继续进行阵地战与敌人进行硬拼硬打，对此错误部署，陈毅、陈潭秋都极力反对。陈毅说："保卫中央苏区的要求是不现实的。主力红军在的时候，尚不能粉碎敌人的'围剿'，而不得不转移。如今要保卫中央苏区配合主力红军反攻，简直是做梦！"陈潭秋认为：应该突围到敌人后方的边界地区去开展游击战争。项英不但听不进陈毅、陈潭秋的正确建议，反而说他们"情绪不好"、"悲观失望"。由于项英是中央分局书记，重大问题最后必须由他决定，所以陈毅、陈潭秋的正确意见未被采纳。项英主张把县区地方武装集中起来，"创造新的师、新的军团"，无视敌人的暂时强大，与敌人打阵地战。当时，敌人从东西两路向中央苏区紧缩，占领中央苏区各县城和交通要道，企图将留下的红军包围在狭小地区，然后分区"清剿"。在强敌的袭击下，敌军10月26日侵占宁都，11 月 10 日侵占瑞金，11 月 17 日侵占于都，11 月 23 日侵占会昌，整个中央苏区的县城很快陷入敌手。至此，所谓"最后的坚持阵地"也失守了，红军遭到重大损失。

在长征途中的中共中央书记处，遵义会议后在毛泽东的主持下专门研究了中央苏区问题。1935 年 2 月中央分局在于都仁凤山地区收到党中央发来的电报。电文指出：在当前形势下，留在中央苏区的部队要"反对大兵团作战的方针，应在中央革命根据地及周围进行游击战争"，"彻底改变斗争方式，一般应由中央革命根据地方式转变为游击区方式"，并指示成立中央军委中央苏区分会，由项英、陈毅、贺昌等五人组成，统一指挥军事斗争。

中央分局接到电报指示后立即召开会议，研究中央书记处的指示精神，接受了陈毅和陈潭秋的正确意见，决定把干部和红军分为九路，分别向闽赣、闽西、湘南、赣粤等边界山区突围，开展游击战争。

向闽西方向突围的有何叔衡、邓子恢、瞿秋白等原中央工农民主政府的领导人和陈潭秋为中央分局特派员、谭震林为参谋率领的二十四师的一个营，约四百余人。他们由瑞金西南向上抗西北突围，到永定县赤寨乡与张鼎丞率领的红八团、红九团、光明独立营会师，坚持闽粤边的游击战争。2月下旬的一天，谭震林整理了出发的队伍，随后请中央分局特派员陈潭秋讲话。陈潭秋来到队伍前面，亲切而严肃地说：同志们，我们这次是根据党中央毛主席的指示精神，和中央分局的决定，突围到闽西开展游击战争，建立红色政权。同志们，我们这次是单独执行任务，独当一面，任务是相当艰巨的，我们一定要完成它！接着，队伍出发了。队伍从瑞金西南出发，第一目的地是长汀县的四都。当时敌人在于都、瑞金、会昌、长汀一线已形成了包围圈和封锁线。在突围战斗中，陈潭秋、谭震林率领红军部队与何叔衡、邓子恢、瞿秋白等同志失散了。何叔衡、瞿秋白、邓子恢和政府机关工作人员张亮、周月林等，于1935年2月下旬到达长汀四都琉璃乡水金村。2月24日拂晓，他们不幸被国民党福建保安十四团包围。经过激烈战斗，何叔衡负伤跳崖壮烈牺牲。瞿秋白、张亮、周月林等不幸被俘，被押至上杭县监狱，瞿秋白于6月18日英勇就义。

陈潭秋、谭震林带领的红军部队冲出敌人的重重包围，后来在长汀四都与邓子恢率领的队伍会合了。两支队伍从四都出发，向上杭、永定挺进。为了缩小目标，他们两支队伍曾分途行动，后来在永定大阜山会合。这时他们突然发现被国民党陈学光的部队包围了。在这危急的情况下，陈潭秋沉着镇定地对指战员们说："共产党人是钢打铁铸的，即使遇到天大的困难，也要杀出一条血路冲出去。为了党的事业、人民的解放，我们要活着冲出去。"他和谭震林、邓子恢立即开会商量，决定突出重围。谭震林率大部分同志突围，陈潭秋率一个警卫班进行掩护。陈潭秋拔出手枪，朝天连开三枪，引诱敌人。敌人果然像疯狗一样朝枪响的方向扑来。陈潭秋率领的这班人，经过激烈的战斗，几乎全部牺牲，陈潭秋也失足掉下崖去。敌人撤退后，谭震林率部队转回来，漫山遍野地寻找，最后终于发现陈潭秋满身是血地横卧在崖下。他受了重伤，右耳被挂掉，脚趾也被跌断了，已经昏迷过去。同志们临时赶扎了一副担架，将他抬着行军。4月中旬的一天，他们在永定大阜区与张鼎丞派来迎接的部队会合了。

部队会合后，陈潭秋在金丰养了几天伤，伤势稍有好转，他就与张鼎丞一起分析研究当前形势，一致认为：为了贯彻党中央的指示和中央分局决定，正确估计闽西地区的政治形势，制定适合闽西情况的斗争策略，要尽快召开闽西南地区党政军代表会议。经过一段时间的酝酿和筹备，闽西南地方党、政、军第一次代表会议于1935年4月底在永定县上溪南区赤寨乡召开。会上，陈潭秋代表中央分局向到会代表传达了遵义会议后党中央发给中央分局的电报指示精神。接着，陈潭秋进一步分析了闽西南的斗争形势，他说：国民党反动派和地主豪绅对革命人民反攻倒算，到处一片白色恐怖，这并不能说明敌人的强大，只会更加激起广大工农群众对反动派的仇恨与反抗。陈潭秋最后说："现在苏区中央局指出：我们的任务是继续牵住敌人的尾巴，让长征红军大踏步前进。闽西南成立一个军政委员会，以指挥一切党政军民的工作。——听说你们已经成立了一个闽西军政委员会，这很好，但仍要加上一个'南'字。"张鼎丞在会上也作了报告。经过讨论，代表们一致拥护陈潭秋和张鼎丞的报告。最后，会议根据陈潭秋的建议，成立闽西南军政委员会，一致选举张鼎丞为主席，邓子恢、谭震林为副主席。这次会议使闽西南党政军的领导统一了。终止了王明"左"倾机会主义的错误，扭转了闽西党和红军的危险局面。

会后，大家研究决定陈潭秋离开闽西，由陈茂辉派人护送，前往汕头医伤。陈潭秋化装成一个南洋华侨，通过秘密交通线安全到达汕头。到汕头后，发现当地环境不利于长住治疗，于是决定迅速转移前往香港，由福建省委工农通讯社的游昌炳、雷得新两人护送到香港，在香港稍事停留，于5月底的一个晚上，又乘客轮去了上海。

在莫斯科的日子里

(1935-1938)

→ 参加共产国际第七次代表大会

★★★★★

（39—40岁）

陈潭秋从香港来到上海后，抓紧时间医治伤病。不久，党派他为出席共产国际第七次代表大会的中共代表团成员，前往莫斯科。1935年8月5日前后，陈潭秋、陈云、杨之华、邓发、曾山、何实山等七人，从上海动身，秘密乘坐苏联客轮到达海参崴。为了掩护他们，苏方派了公安人员以押送走私犯为名，把他们一行"押送"到海参崴公安局。在公安局，他们准备了两天，化了装，换上了西装，改乘火车前往莫斯科。8月20日左右到达莫斯科，可共产国际第七次代表大会已经闭幕。因此，中国共产党出席这次大会的正式代表就只有王明和康生。这时，正值少共国际第六次代表大会开幕，陈潭秋与李立三、高自立等五人组成领导小组共同领导中国共产主义青年团的代表团,参加少共国际"六大"。会后陈谭秋留在莫斯科,参加中国共产党驻共产国际代表团的工作。

陈潭秋在莫斯科期间,住在高尔基大街 10 号,对外称纽克斯国际饭店,是共产国际专为各国共产党代表团而设置的招待所。陈潭秋化名徐杰、陈云化名施平,他们一行在苏联各地参观一段时间之后,就在列宁学院研究班学习。列宁学院是共产国际为各国党培养干部的学校,分别设置了普通班和研究班。这时我党参加研究班学习的有陈潭秋、陈云、曾山、滕代远、宋一平、高自立、卢竟如、梁广等三十余人。梁广为支部书记。

长期以来,陈潭秋从事党的实际工作,现在有机会系统学习马克思主义理论,是多么宝贵和难得啊!他如饥似渴地学习马克思列宁主义著作,常常不顾病痛学习到深夜。他原来已有较好的英语基础,现在又孜孜不倦地攻读俄语。他与任弼时、秦邦宪等花了近半年的时间一道翻译了《联共(布)党史》,全书最后由任弼时负责总校阅。陈潭秋将自己翻译的那部分,多次向同志们征求意见,反复进行修改,他虚心学习、严谨治学的态度得到了大家的好评。陈潭秋学习成绩优异,并且热情耐心地帮助其他同志学习,无论是吃饭、休息,还是晚饭后的散步、聊天,他都结合自己的斗争实际,生动地向同志们讲解革命理论,使同志们印象深刻,颇受启发。在列宁学院学习期间,陈潭秋与同志们之间的关系十分融洽。他能歌、会诗,同志夸他"是一个多才多艺的人"。列宁学院纪念十月革命节时，他编写了一个反映广州暴动的话剧，而且与宋一平、沈谷南等同志一起将话剧搬上了舞台。当"广州暴动苏维埃，中国革命新纪元……"的歌声在列宁学院响起的时候，同志们都激动万分。

 # 回顾党的战斗历程

★★★★★

（40岁）

在莫斯科，陈潭秋以自己特有的经历和学习马克思列宁主义理论的时机，认真回顾和总结了党的战斗历程，颂扬了在中国共产党正确领导下中国革命取得的伟大胜利。1936年7月1日，是中国共产党成立15周年的纪念日。共产国际和中共驻共产国际代表团举行了纪念活动，宣传中国共产党光辉战斗的15年。《共产国际》月刊开辟了"中国共产党成立十五周年纪念"的专栏，中共驻共产国际代表团在法国巴黎主办的《救国时报》及《全民月刊》均刊登纪念文章。

陈潭秋以他出席中国共产党第一次全国代表大会，创建中国共产党的特有经历，撰写了《中共第一次代表大会的回忆》的文章，此文同时在法国巴黎出版的《全民月刊》第一卷第七、八期合刊上公开发表，并在庆祝中国共产党成立15周年纪念大会上发表了重要讲话，这两篇重要历史文献，详细地记述了出席大会的人数、开会的地点、会议经过以及会议所通过的纲领和今后工作计划的决议等。陈潭秋说："代表团因为我是参加过党的成立大会——第一次代表大会的党员，要我作关于党15周年纪念的报告。这使我非常惭愧！"

陈潭秋在文章中指出："一大""确定党名为中国共产党"，"是领导中国革命，为中国民族解放与社会解放而奋斗的伟大政党"，"我党不仅是中国无产阶级的先锋队，而且是全民族和全中国人民的领袖"。他在文章中，叙述了"一大"所确定的党的基本任务和组织原则，他写道：党的基本立场，以实现无产阶级专政为党的基本任务，但在过渡阶段的斗争策略上，不但不拒绝而且应当积极组织无产阶级来参加领导资产阶级性的民主运动。党要"以职工运动为中心工作，但在一定的有利于无产阶级发展的条件下，应当利用公开合法运动。至于党的组织与党员入党的条件，则决定采取经过历史事变试验过的俄国布尔什维克的组织经验，反对孟什维克主义式的原则"。他在回忆大会讨论对孙中山的态度与关系时说：大会确定的原则，"可以说对于以后国共两党的合作，发展广大的反帝反北洋军阀的运动，种下了一种根基"。接着，陈潭秋在文章中叙述了中国共产党领导中国革命斗争的光辉历程。陈潭秋在庆祝党的 15 周年纪念会上的讲话中指出："党的这 15 年中领导中国革命所做出的成绩是非常之多的。如果要作党史的详细的叙述，不但时间不可能，而且超出我今天的能力范围。"而我们"党的胜利与全民族全国人民的胜利是分不开的"。我们在这里庆祝党的光荣 15 周年纪念的时候，"应当更加紧学习马克思列宁主义，更深刻地研究党的斗争历史和目前新政策，准备着调送回国去作实际的战斗"。

陈潭秋还以徐杰署名和陈云、李立三、滕代远等联合在《救国时报》上发表了纪念瞿秋白殉难一周年的纪念词，又与方林（即邓发）、李明（即李立三）等联名发表了《追悼我们的董振堂同志》等文章，缅怀革命烈士的丰功伟绩。

继九·一八事变日本帝国主义侵占中国东北以来，日本帝国主义连续不断地制造了一·二八事变和华北事变，以实现它那"唯欲征服支那，必先征服满蒙，如欲征服世界，必先征服支那"的迷梦。鉴于日本帝国主义要变中国为它的独占殖民地，"迹寄海外"的陈潭秋，根据共产国际"七大"作出的关于建立反法西斯的"人民阵线"和"反帝人民统一战线"的决策和中共中央政治局瓦窑堡会议所通过的《中央关于目前形势与党的任务决议》精神，以徐杰的署名发表了一系列文章，其中主要的有《学生救国运动的意义及其前途》、《所谓"三大原则"》、《评〈大公报〉最近言论》、《论统

一战线政策》。这些文章发表在《全民月刊》上，时间是 1936 年 1 月至 5 月。文章阐明了建立抗日民族统一战线的可能性、必要性及其重大意义，充分评价了一二·九学生运动在中国救亡运动史上的重大意义，全面剖析了灭亡中国的广田三原则，批评了《大公报》改变原有立场、鼓吹卖国理论、替日寇汉奸张目的丑态。在文章中，陈潭秋认定：唯有以全民族统一战线同日本帝国主义作殊死斗争，才是我"有救千年文明历史的，伟大民族的唯一生路"。陈潭秋的这些文章，对揭露日本帝国主义的强盗逻辑，声讨日本帝国主义的侵略罪行，全面阐述我党的抗日民族统一战线政策，起了重要作用。在国际上引起了很大反响，特别在爱国华侨中起了极大的动员和组织作用。

→ 参加中共驻共产国际代表团工作

★★★★★

（41 岁）

　　陈潭秋在莫斯科期间，中共驻共产国际代表团的负责人有王明、康生。1937 年 11 月，王明、康生遵照共产国际指示回国，王稼祥任中共驻共产国际代表团负责人，陈潭秋当时只是中共驻共产国际代表团成员，在代表团里没有固定职务，但由于他是出席过我党"一大"的老党员，同志们都很尊重他，有困难都愿意找他商量解决，因此凡属代表团的重要会议或核心成员会议都请他参加。陈潭秋实际上成了代表团领导成员。后来陈潭秋在莫斯科负责我党的干部管理工作。他对党员干部的学习教育十分关心。住在共产国际招待所的中共党的同志中，有的是等着办事，有的工作完毕等待回国，有的是前来医病治伤，都有一些闲散的时间可以利用。针对这种情况，陈潭秋向大家提出根据各种具体情况每天学习三至五个小时的马列著作和联共党史的建议，并要求大家在学习中结合中国革命的实际来加深对革命原理的理解。他还主动提出，必要时他可以来作辅导报告，讲解中国共产党领导中国革命的历史。这样既不耽误工作，也不妨碍治病，又可以学习革命理论，大家十分高兴。同志们抓紧一切可以利用的时间认真学习，收获都比较大，同志们亲切地称呼这里是"中国党校"。

当时，我党在莫斯科的党员干部，有抗战负伤来治疗的，有东北抗联的指战员，有党派来学习革命理论的，有在军事院校学习军事的，还有的是烈士子女和干部子女到国际儿童院来学习文化的。每个人都有不同的任务和要求，住得很分散，这就增加了干部管理工作的困难。针对这种情况，陈潭秋到各处去看望他们，了解他们的困难和要求，及时解决他们提出的问题,向有关部门反映他们的意见。特别是医病治伤的同志，他都亲自去联系医院、安排食宿，使他们尽可能有较好的条件，能安心养伤治疗，早日恢复健康，重上战斗岗位。陈潭秋对在国际儿童院的孩子们也很关心，他经常到国际儿童院去看望他们，了解他们的学习和生活的情况，解答他们提出的问题，给他们讲革命故事，培养他们对革命的信念。莫斯科的郊外有个东方大学，东北抗日联军有一部分指战员在那里学习和养伤。陈潭秋也经常去看望他们，十分关心他们的学习和生活，给他们讲授中国革命史，组织他们学习和讨论。他和代表团其他成员写了《悼念东北抗日烈士夏云杰、陈荣玖、李红光、史忠恒、傅显明诸同志》的纪念文章，缅怀先烈们的优秀品德和光辉业绩，号召大家向先烈学习，将抗战进行到底。

特殊的战斗任务

（1939—1943）

出任中共中央驻新疆代表

（42—45岁）

　　1939年5月，陈潭来（化名徐杰）奉命从莫斯科回延安，途经新疆，来到迪化（今乌鲁木齐市）。7月，党中央电示他留在新疆工作，接替邓发（化名方林）任中共中央驻新疆代表和八路军驻新疆办事处负责人，住在迪化南梁第三招待所（即八路军驻新疆办事处）。从此，他肩负重任，投入了一场特殊的战斗。

　　新疆地处祖国西北边陲，与苏联、阿富汗、印度接壤，具有重要的战略地位。新疆世世代代聚居着我国众多的兄弟民族，在400万人口中有14个不同民族。民族矛盾和阶级斗争混杂在一起，斗争形势甚为复杂。抗战初期的新疆，仍在地方军阀盛世才的统治下，盛世才自1933年夺得新疆边防督办的大权以后，为巩固

△ 陈潭秋1939年在乌鲁木齐

自己的地位，伪装进步，打起了"亲苏""拥共"的招牌，标榜所谓反帝、亲苏、民平、清廉、和平、建设"六大政策"，借以笼络人心，骗取苏联的援助和中国共产党的支持。中共中央为了在新疆与盛世才建立抗日民族统一战线关系，先后派了三位党代表驻新疆，协助建设新疆。1937年4月起，陈云从莫斯科到迪比，任中共中央驻新疆第一任党代表，迎接工农红军西路军余部近五百人进入新疆。1937年9月，党派邓发由莫斯科来到新疆，接替陈云任中共中央的第二任党代表。陈潭秋是中共中央驻新疆的第三任党代表和八路军驻新疆办事处负责人。

我党从抗日大局出发，为了团结新疆各民族人民共同抗日，建设抗战大后方，保证新疆这条国际援华交通运输线的畅通，与盛世才建立了抗日民族统一战线关系，并应盛世才的邀请，从1937年起，先后派出了一批干部和党员到新疆工作。毛泽民（化名周彬）担任新疆财政厅副厅长、代理厅长，林基路任新疆学院教务长,黄火青任"反帝会"秘书长。哈密、和田、喀什等地方的行政长(相当于专员)、新疆日报及一些分社的社长、编辑长等要职,也都由中国共产党人担任。同时,共产国际也派了一批又一批的中共党员去新疆工作。由于这种政治形势,抗日战争初期,新疆不仅成了苏联援助国民政府的主要交通要道,而且也成了共产国际和中共中央进行联系的主要交通要道。

我党同志先后在陈云、邓发和陈潭秋的领导下,团结新疆各族人民,正确执行抗日民族统一战线政策,整顿了财政金融,兴办了工矿企业,改善了公路交通,扩大了对内对外贸易,促进了农牧业和文教、卫生事业的发展,改善了人民的生活,做了大量的工作。我党党员通过《新疆日报》宣传抗日救国,宣传抗日民族统一战线政策;通过全疆政治性群众组织"反帝会"动员和组织群众开展抗日捐献活动,为前方募集寒衣。1938 年 9 月,曾捐献购买了"新疆"号战斗机多架送往抗日前线,并将皮毛、药品以及枪支弹药等运往延安,支持八路军抗战。经过陈潭秋、毛泽民、林基路和黄火青等共产党人的辛勤工作,新疆的政治日益走向进步,经济、文化建设得到较大的发展,各族人民的思想觉悟逐步提高,物质生活和文化生活也不断得到改善。内地进步人士、知名学者,如杜重远、茅盾、张仲实和赵丹等人,也都千里迢迢来到新疆讲学、办报和开拓文艺事业。当时,人们称新疆为"第二延安"。中国共产党在新疆各族人民中的威信与日俱增。对此,盛世才则感到十分恐惧。

陈潭秋来到新疆时，正值国际上德、意、日法西斯嚣张一时，国内蒋介石集团的反共投降活动不断发生。在新疆的盛世才集团也开始恶化和我党的关系。从1939年起，就连续发生排斥、打击和陷害共产党人的事件。在这种逆转的形势下，与盛世才这个"土皇帝"搞统战，是一项十分艰巨的任务。然而，陈潭秋遵照党中央"坚持抗战，反对投降；坚持团结，反对分裂；坚持进步，反对倒退"的方针，机智勇敢地领导在新疆的共产党员，为民族生存，为抗战大业，同盛世才进行巧妙灵活的斗争。

为了加强我党对盛世才的影响，挽救新疆逆转的局势，陈潭秋每月至少与盛世才会见两次，积

▽ 八路军驻新疆办事处旧址。陈潭秋任办事处负责人。

极宣传我党抗日民族统一战线政策。与此同时，陈潭秋抓了两件大事：一件是抓紧"新兵营的训练，为抗日前线输送人才"；另一件是"加强对党员的政治思想教育，健全党的组织生活，增强党的战斗力量"。"新兵营"是西路军遭到失败后转战到新疆的星星峡，经盛世才同意，于1937年5月，由陈云、滕代远等同志迎来迪化，驻迪化东门外。盛世才怕红军的影响扩大，对外称为"新兵营"，实际上是由四百余名红军老战士组成。"新兵营"共编为一个总队，下设干部支队和四个大队。分别学习语文、政治、炮兵、坦克、装甲、汽车、医务、无线电等科学技术。陈潭秋一到新疆，就背着自己简单的行李来到"新兵营"驻地。他经常向官兵传达党中央的指示精神，组织野营训练。陈潭秋到"新兵营"不久，首先恢复了政治部，加强政治思想工作。1939年8、9月间，周恩来、邓颖超、王稼祥、孙维世、陈昌浩等同志去苏联治病，路经新疆，来到"新兵营"看望大家。在陈潭秋等的陪同下，周恩来代表党中央、毛主席向大家问好，并作当前抗战形势的报告。周恩来在报告中指出：你们是我党四方面军留下来的骨干。过去由于张国焘错误的领导，你们吃了不少苦头。过去没有学文化、学科学技术的机会，现在有了这个机会了。是"机不可失，时不再来"嘛！同志们要抓紧时间努力为抗战学好本领，党一声令下，就要奔赴抗战前线。

1939年秋，陈潭秋亲自主持和组织了"新兵营"的野营训练。这次野营训练是实践演习，"新兵营"的全体指战员都十分重视。陈潭秋和"新兵营"的总队长饶子健、参谋长苏进、政治部主任曾三等，亲自察看地形地貌，对野营训练作了充分的准备和周密的部署。陈潭秋白天和官兵一起进行军事训练，夜间同他们进行作战演习。他关心官兵，经常深入伙房，帮助炊事员工作，深受广大官兵的爱戴，大家誉之谓"新兵营的老战士"。9月底，野营训练圆满结束。陈潭秋又立即组织"新兵营"全体指战员进行冬季营房学习，并亲自给他们上政治课、党课，讲党的历史。经过野营训练和冬季营房学习，指战员的政治理论水平和军事技术都得到了很大的提高。1940年初，遵照党中央的指示，除航空队的部分学员和干部留在新疆继续学习和工作外，"新兵营"其他三百多名指战员均返回了延安。这批指战员在赴延安途中克服了各种困难，避免了敌人一次又一次的暗算，终于在1940年1月5日胜利到达延安。在延安开了盛大的欢迎大会，毛泽东、张闻天、王稼祥、陈云、邓发等出席大会并讲话，赞扬他们刻苦学习的精神，鼓励他们把学习到的杀敌本领运用到战场上去，奋勇杀敌，为夺得抗日战争的最后胜利而努力奋战。

→ 整风运动

★★★★★

（46岁）

陈潭秋把"新兵营"同志送回延安之后，着重抓了党的理论学习，党的知识学习，思想政治教育，这实际上是在为党的整风运动作思想理论的准备。

陈潭秋很注重加强对党员的政治思想教育，我党在新疆工作的同志分散在天山南北约31个县，由于地域辽阔，交通不便，联系十分困难。因此，加强政治思想教育更有迫切性。陈潭秋指示分散在各地的共产党员，按地区分别成立党小组，严格党的组织生活。先后成立了喀什地区党小组，李云扬任组长；库车地区党小组，林基路任组长；其他地区的零星党员，就直接与在迪化的陈潭秋联系。在迪化，党员比较集中，陈潭秋就分别召集财政、报社、学校等部门的党员开会，组织他们过组织生活，要求他们定期向组织汇报思想和工作。他常常告诫党员"遇事谨慎，不给反动分子以挑拨的借口"，"对人民有利的事要多做"。

在党成立 20 周年纪念日即将到来之时，陈潭秋领导在新疆的党员开展了一系列的纪念活动。1941 年 5 月，他向党中央汇报了关于纪念党诞辰 20 周年的活动计划，提出要向党员进行党性及党的传统的教育，组织大家学习党的历史、党的理论及有关重要文献，人人撰写纪念文章，制定个人学习工作计划，开展竞赛活动。7 月 1 日，八路军驻新疆办事处召开了中国共产党成立 20 周年纪念会，陈潭秋作了中国共产党成立 20 年来奋斗历史的报告，给每个党员发了一枚银质纪念章。《新疆日报》发表了《庆祝中国共产党成立二十诞辰》的社论，刊登了毛泽东和朱德的照片，还编印了中国共产党 20 周年纪念册。7 月 7 日，陈潭秋等以在新疆工作的全体党员的名义，给党中央发了贺电，向中央书记处表示：在抗日战争的紧要时期，我们全体同志一致坚决拥护中央坚持抗日民族统一战线与组织反法西斯国际统一战线的政策，以自我牺牲的精神，为实现党的每一个决议与每一项指示而斗争，更加像一个人一样，团结在党中央周围，一切服从党，一切服从纪律，一切服从抗战的胜利与革命工作的利益，站在自己的岗位上，安心工作，努力学习，为实现党的每一个任务而奋斗。与此同时，陈潭秋还加强了对《新疆日报》的领导，他亲自动手修改重要的社论、文章和消息，发动党员和进步分子更好地宣传我党的抗日民族统一战线的方针政策，宣传全国的抗日形势，把一切舆论引导到坚持抗战的正确道路上来。

所有这些活动的开展，为我党在新疆的整风运动作了必要的思想准备。

全党的整风运动是从1942年开始的。1942年2月上旬，毛泽东作了《整顿党的作风》和《反对党八股》的报告，全面地阐明了整风的任务和方针，在全党引起热烈的反响。4月3日，中共中央宣传部发出《关于延安讨论中央决定及毛泽东同志整顿三风的报告的决定》。6月8日，中共中央宣传部又发出《关于在全党进行整顿三风学习运动指示》。同时，中共中央成立由毛泽东主持的总学习委员会，领导全党的整风运动。在总学委领导下，延安的中央机关和陕甘宁边区政府等各单位近万名干部参加整风学习。华北、华中各抗日根据地的党组织和在国民党统治区的中共中央南方局，也先后开展了整风学习。

在新疆，陈潭秋从新华社的广播中得知整风学习在全党范围开展的消息后，立即行动，翻印学习材料，从1942年4月中旬开始，陈潭秋领导在新疆工作的中共党员进行整风学习。不久，他接到中共中央发来的整风学习文件。6月，在认真学习整风文件后，召开了干部会，传达了中共中央关于整风的精神和整风的方针、政策，并结合新疆的具体情况，讲述了新疆的共产党员的"三风"表现，宣布整风学习的安排。他要求每个同志认真领会中央文件的精神实质，作好学习笔记，并轮流传阅，相互启发，结合自己的工作与思想实际，对照检查。同时，规定每半月出一期墙报，交流学习心得。新疆的党组织成立了有19人参加的高级研究组，陈潭秋任组长，张子意任秘书，下分五组，到7月，成立了整风学习委员会，陈潭秋任主任，张子意为副主任，统一领导我党在新疆的全体同志的整风学习。正式参加整风学习的同志有一百一十七人（内有四名非党员），分别在六个地方成立六个学习单位（四个学习分会，两个学习小组），每个学习会由三至五人组成干事会，另外，还成立学习检查组协助干事会工作。在分会下设中心组、中级组和普通组。学习讨论提纲由整风学习委员会拟发，交中心组研究后，再分别发中级组讨论，而普通组的学习，或采传达方式，或采上课方式，墙报起着交流作用。7月30日，陈潭秋致电毛泽东，汇报了新疆的整风高级研究组的学习情况。8月18日，陈潭秋又再次向毛泽东汇报了在新疆同志开展全面整风学习及组织领导等情况。

陈潭秋对整风学习抓得很紧，要求很严，他经常注意检查大家的学习笔记，举行临时测验，推荐好的学习心得体会或写得好的读书笔记，在同志间进行交流。陈潭秋和整风学委会规定学习文件阶段到10月底为止，在10月底以前每个同志均须写完自传，11月份转入检查阶段，规定以自传为检查根据，并另成立检查委员会，协助整风学习委员会的工作。

鉴于当时新疆局势急剧恶化，反苏反共阴谋不断出现，"我们同志遭受诬陷控告"，反动分子不断向我们进攻，我们的大多数人被暗中监视、被侦探跟踪等情况，陈潭秋根据自己长期地下工作的经验，在整风中特别对党员进行革命气节教育。他告诫同志们要提高警惕，遇事谨慎，不给反动分子以任何借口；同时，作好对付突然事变的准备。为适应新疆特殊环境，他在整风学习文件中补充了一些关于共产党员的气节问题的材料，要求对共产党员加强革命气节的教育。他说：我们要以共产国际领导人——季米托洛夫在莱比锡法庭上机智勇敢地与敌人作斗争为榜样，把敌人的法庭变作宣传共产党抗日主张的讲坛。他又说：我们要学习优秀共产党员夏明翰同志，在敌人酷刑逼供面前坚贞不屈，毅然写下了"砍头不要紧，只要主义真，杀了夏明翰，还有后来人"的英雄气概。他还说：古时候有个文天祥，在狱中写了一首《正气歌》，歌中有"时穷节乃见，一一垂丹青"的名句。我们是共产党人，共产党人的浩然正气，定然胜过文天祥的十万八千倍。他向同志们郑重指出：我们随时随地都有被捕的可能，天山戈壁，插翅难飞，每个同志均须有足够的精神准备。如果我们坐牢了，我们要像他们一样坚贞不屈，视死如归，保持共产党员的光荣称号，保持共产党员的革命气节。做到"富贵不能淫，贫贱不能移，威武不能屈"。在狱中，我们要把牢房变成战场，与敌人作坚决斗争；把牢房变学校，学习对敌斗争的艺术。在对敌斗争中要区别对待，主要矛头要对准关押我们的决策人。新疆的整风学习，由于盛世才逮捕我党全部同志而中断了。但经过整风学习和革命气节教育，大大增强了新疆的共产党员对敌斗争的勇气和争取斗争胜利的信心和决心。

 # 最后的战斗

★★★★★

（46—47岁）

1942 年，随着国际形势的逆转，新疆政治形势继续恶化，盛世才的反动嘴脸暴露无遗。1942 年 6 月底到 7 月上旬，党中央几次复电陈潭秋，同意在新疆工作的党员全部撤退。但因当时通往延安的交通已被国民党封锁，必须先撤退到苏联去。中央指示陈潭秋可直接与苏联驻迪化领事馆交涉，在苏联回复之前，要制定撤退计划，作好撤退的准备工作。根据中央的指示，陈潭秋经过周密考虑并和有关同志商量，制定了一个分三批撤退的计划：负责干部和航空队第一批走，老弱病残、家属和小孩第二批走，他自己和办事处少数工作人员最后走。马明方、吉合等同志要求党代表第一批走，但陈潭秋坚决不同意，他说："党交给我的任务，是把大家全部安全地撤出去，只要这里还有一个同志，我就不能走！"他还向办事处的工作人员说："我们要坚守工作岗位到最后。"在陈潭秋的组织领导下，同志们有条不紊地进行着有关撤退的准备工作。

1942年，德国法西斯侵占了苏联大片国土，斯大林格勒战事吃紧，在中国日伪蒋合流加紧反共，8月底，蒋介石与盛世才勾结成交，于是，盛世才公开撕下伪装，加紧对我党在新疆的党员和进步人士进行迫害、逮捕和软禁。

1942年8月，盛世才突然把在新疆工作的中共党员全部调回迪化，八路军办事处工作人员全部集中在迪化八户梁招待所，并进行监视。9月，他们把航空队三十余人也全部搬到了南梁招待所。见此情况，陈潭秋警惕地告诫大家说："可不要对盛世才存有什么幻想，他是个野心家、大军阀……我们随时都有被捕的可能。我们处在新疆这个特殊的环境，民族不同，语言不同，长相也不一样，无法隐蔽。又有天山戈壁，插翅难飞，就是让你跑，也跑不了，即使跑出迪化，也跑不出新疆。"他要大家认清形势，无论形势发生怎样恶劣的变化，都要保持共产党人的坚贞不屈的革命气节。

不久，盛世才制造了所谓"青年学生阴谋暴动案"，逮捕了乔国仁等二百余进步青年，妄图诬陷陈潭秋为幕后主使者，而加害于共产党人。当盛世才的阴谋未能得逞时，他又以社会秩序不安宁为借口，限制共产党人的行动自由。1942年9月17日，盛世才派军警包围了我党集中驻地八户梁。军警们以"督办请谈话"为名，把陈潭秋、毛泽民等五人"请"去了。本来这天上午，陈潭秋同吉合去苏联领事馆递送我党工作人员分批撤退计划，刚刚返回八户梁招待所，就发现住所已被盛世才的军警包围，吉合当即要求陈潭秋立即离去，陈潭秋回答说：在关键时刻，我应该挺身而出，不能畏缩不前，要敢于同敌人进行针锋相对的斗争，我决不可离去。于是他对吉合说："我可能被捕，你赶快办两件事：第一，把我这个本子马上交给刘平（张子意），告诉他，我走后这里由他负责；另外，你马上把这里的情况报告国际交通站，向中央报告。"之后他给盛世才打电话，向他提出严重抗议，要求他立即撤除武装包围。然后，他和毛泽民等五人从容离开住所。开始，他被软禁在"刘公馆"。当天下午，盛世才又把林基路、李宗林等二十多名我党在新疆有影响的同志也"请"去软禁在三角地招待所。此后，盛世才把我党在新疆的全部人员，包括病残人员和家属小孩共一百多人，全部软禁起来。

事变发生后的第二天，陈潭秋等五人的家属也被"请"来，软禁在"刘公馆"。当陈潭秋从妻子王韵雪口中知道他走后所发生的一切时，气愤地骂道："这头无耻的狼种猪！"他在打电话质问盛世才的同时，又给盛世才写了一封抗议信，信中指出："我们是接受你的邀请，来新疆帮助建设的。我们的同志都严格遵守我党有关统一战线的原则，认真执行'六大政策'，为抗战尽力，忠于国家民族，事实俱在，无须赘述。而你竟以'保护'为名，实行秘密软禁，特提出强烈抗议！望你悬崖勒马速速醒悟。本着全国各抗日党派、无党派爱国志士仁人团结抗日原则，将我党在新疆全部人员无条件释放，保证人身安全，送回延安。"但信发出多时，音讯杳无，陈潭秋又写了一封措辞更加强烈的抗议信，仍然如石沉大海。

陈潭秋在软禁期间，还设法和外面的同志取得联系。他分别给张子意及航空队写信，说自己"尚健康"，只是"腿行动不便"，"望你们保持健康"。暗示他已失去自由，鼓励大家保持共产党员的革命气节。信中还指出"穴内有踪"，要大家提高警惕，采取必要的防范措施。不久，陈潭秋被秘密转移到"尤公馆"软禁。这里围墙高筑，戒备森严，连房顶也有人把守。他预感到事态越来越严重，便对王韵雪说："从目前情况看，男同志坐硬牢的可能性更大些。一旦我们入了狱，我估计盛世才对你们会采取下列措施：（一）仍让你们出去工作，但你们绝对不能去工作；（二）不排除也将你们逮捕入狱，如逮捕坐牢，你们没有在外面工作过，绝对不要暴露自己的身份，更重要的是不能玷污共产党员的光荣称号，要坚持党的立场；（三）万一释放了你们，你可千万不能去找苏联领事馆，无论如何想尽办法回到延安去，将我的情况和这儿你知道的情况报告党中央和毛主席。"

1943 年 2 月 6 日，也就是陈潭秋被正式投入监狱的前一天，他利用王韵雪外出看病的机会,带信给张子意、方志纯等人,信中说:盛世才不会把你们长期养着,要么叫你们去做苦役,要么软化你们去为他办事,你们决不要上当,一定要坚定斗志,争取集体回延安。以后,张子意等人也被关进监狱,他们就按照陈潭秋的这个指示,在"百子一条心,集体回延安"的要求下,与盛世才的软硬兼施阴谋进行了长期的、顽强的斗争。2月7日,盛世才把陈潭秋、毛泽民等人抓进监狱,接着又把我党在新疆工作的其他同志也关进黑牢。

中共中央得知以陈潭秋为首的我党在新疆的一百多人被盛世才逮捕入狱的消息后,当即设法营救。2月10日,中共中央书记处致电在重庆工作的周恩来,指示说:"你们与张治中谈话时,望提出释放迪化被盛扣留之徐杰等一百四十余人的要求","这些人是在重庆中央调整与新疆关系时,被盛世才诬加罪名而加以拘捕的。要求重庆方面去电迪化释放,并准他们经兰州、西安回延安"。

陈潭秋在狱中与敌人进行了英勇顽强的斗争,盛世才妄想用严刑逼供使陈潭秋屈服的惯伎遭到可耻的失败。从4月10日起至5月7日止,盛世才对陈潭秋进行了一连串的审讯。陈潭秋庄严宣告:"我不受审讯!"他理直气壮地说:"中国共产党派我们这些同志来新疆帮助工作,我们没有做危害政府的事,没有违反中国共产党的抗日民族统一战线的政策。对此我们敢完全负责任。"当盛世才威逼陈潭秋招供所谓共产党"四·一二"阴谋暴动案的"内幕"时,陈潭秋斩钉截铁地回答:"绝对没有这回事!""这是对我们共产党人的一种侮辱和诬陷。"他慷慨陈词，历数我党在新疆坚持抗日民族统一战线，坚持抗战，坚持团结，坚持进步，执行六大政策，发展民族经济，稳定金融，改革时弊，廉洁吏治，发展农牧，振兴实业等生动实例，愤怒地驳斥敌人的造谣和污蔑。他气宇高昂地说："我们在新疆做的事都是光明正大的"，"你们指控的罪名完全是无中生有，把事实拿出来说话吧！"敌人见威逼无效，竟演出了一幕"隔帐对质"的丑剧。他们指使叛徒刘西屏、潘柏南出来作伪证，陈潭秋严厉地指出："他们说的话都是虚构的！"并无情地嘲弄敌人说："我要求法庭研究他们为什么失去良心。"敌人恼羞成怒，竟对陈潭秋鞭打、压大杠、坐"飞机"、灌辣椒水等酷刑，进行惨无人道的折磨。敌人一会儿把陈潭秋拖进冰冷的澡堂受冻，一会儿又把陈潭秋弄到火房烘烤。陈潭秋坚贞不屈，铁骨铮铮。敌人还采用"车轮战术"，昼夜连续审讯陈潭秋，他稍一合眼，就用烈性阿姆尼亚熏醒，使陈潭秋极度疲劳，脑筋混乱，企图获得"口供"。敌人还引诱他在"脱党声明"上签字，同样遭到陈潭秋的严词拒绝，表现了共产党人的浩然正气。连狱中卒役也十分敬佩他说："你们共产党员亚克西！"敌人软硬兼施均未达到目的，十分恼怒的盛世才亲自出马，把电话拉到陈潭秋的牢房，妄图在电话中劝降。陈潭秋十分气愤地接过电话，厉声斥骂盛世才，并将电话机摔在地上。

我们可以从敌人审讯陈潭秋的"口供笔录"上，看到陈潭秋对敌人进行无情揭露、针锋相对的斗争，表现了一个共产党员坚定的无产阶级立场。1943 年 5 月 6 日上午 9 时至 11 时的审讯记录中是这样记载的：

问：你的原名是陈潭秋吗？

答：没有说的必要。

问：三民主义你信仰不？

答：在今天的时候，我认为三民主义为中国今日所必需，共产党相信三民主义适合今日的国情，但共产党还有他的最高理想。

问：中共执行了四项诺言没有？

答：把苏维埃改为边区政府，红军改为八路军，取消了土地革命、武装暴动。苏鲁皖的边区政府，是从敌人手里夺回来的，成立政府有何不可？

问：中央准许八路军不是三个师吗？为什么扩充呢？

答：广大人民要求抗日，有什么办法，所以扩充到 50 万人，为的是抗日。

问：共产党是不是专破坏抗战？

答：如果这样，共产党就会垮了。若八路军那样干，共产党还能存在么？不是事实，我不能承认，但我了解的不是这样的。

问：暴动的事，你不是其中之一么？

答：造谣，根本没有这回事。

问：如果将证人、证物拿出来你又怎么说？

答：没有的事，有证据就是捏造的。

这天下午，敌人又就所谓"阴谋暴动"案审问陈潭秋，下面是审问记录中的一段：

问：你参加这些事情还不知道么？

答：这些是武断虚构的，那是天上来的，我还是请把受我指示的人找来，把事实拿出来。

问：你指示的人当面说出事实你怎么办？

答；法庭请找出这个人来。

问：把物证、人证拿来你如何辩白？

答：我认为物证可伪造，人证亦可伪造。

5月7日，敌人指使叛徒刘西屏、潘柏南和被捕的盛世才政府官员李一欧、藏谷峰到庭作伪证，这四人胡编了一套，但又不敢当面对质，只是在屏风之后阴阳怪气地说了些见不得人的鬼话，就灰溜溜地走开了。

问：方才四人说的话你听见了么？

答：听到了。

问：你讲一下事实吧。

答：他们说的话都是虚构的，现在他们失去了良心。

问：你把阴谋暴动的事说一下。

答：阴谋暴动的事根本没有。

问：联共、中共在新疆要推翻政权不是事实么？

答：我不相信有这样的事实。

问：你是苏联利益高于一切？

答：这种说话是污蔑我。我是站在中国利益立场上的，但我维护苏联。因为它是对中国援助的。

问：究竟你们在新疆有无反动活动？

答：共产党绝不虚伪。我再次声明，我们没有危害政府的任何活动。

问：现在再给你几分钟时间，你再考虑一下。

答：我没有考虑的余地。

问：你还需要考虑么？

答：我用不着考虑。

黔驴技穷的盛世才恼羞成怒，于1943年9月27日下了秘密处决的罪恶命令。当天深夜陈潭秋、毛泽民、林基路在狱中被秘密杀害，陈潭秋时年47岁。

当狱中的同志得知陈潭秋等遇害的噩耗时，万分悲痛，他们在狱中党组织的领导下，为烈士举行了追悼会，并集体创作了一首《追悼歌》：

> ……我们的兄弟，
>
> 在前方为国把命拼；
>
> 我们全部的力量，
>
> 正在消灭民族敌人。
>
> 我们光荣的同志，
>
> 谁想得到在抗战辽远的大后方，
>
> 还有丧心病狂的败类，
>
> 含血喷人，

暗害了你们宝贵的生命，

你们临死不屈的意志，

将永远活在千万人的心中！

瞑目吧，

光荣的同志！

你们的血迹，

揭露民族败类的无耻！

你们的牺牲，

更显示了八路军伟大的精神！

你们的英名，

将永垂不朽！

它鼓励着后继者的我们，

向黑暗作英勇的斗争！

瞑目吧：

徐杰（陈潭秋）同志！

周彬（毛泽民）同志！

林基路同志！

　　狱中的同志们遵照陈潭秋生前的教导，坚持同敌人进行了顽强的斗争，而且是经历了漫长的艰苦的斗争。直到 1946 年 5 月，国民党新疆省政府改组，张治中出任新疆省政府主席，他应周恩来请求，答应到新疆后一定尽快释放这些无辜被关押的人员，并负责把他们送回延安。6 月 10 日，这些在新疆历尽艰辛苦难的人们，终于获得了自由，踏上了返回延安的征途。这批关押在新疆监狱将近四年之久的共产党干部及其家属、小孩子共 131 人（途中死去两人），分乘七辆卡车，风餐露宿，通过国民党设置的层层关卡，于 7 月 11 日下午 6 时，胜利回到革命圣地——延安。党中央对这些历尽艰险的 129 名来自新疆的干部及其家属表示热忱的欢迎和敬意。朱总司令、任弼时、林伯渠等亲自登车迎接，毛主席到他们住地看望，一一握手，频频地说："好同志，受苦了！好同志，受苦了！""你们回来了，就是胜利！"

同志们回到延安的当天，便得知在党的"七大"上，陈潭秋被选为中央委员。因为当时新疆与党中央消息中断，只知道陈潭秋等人被盛世才和国民党合谋逮捕入狱，并不知道陈潭秋已被秘密杀害。

陈潭秋烈士的遗骨，解放后被安葬在乌鲁木齐南郊的烈士陵园中，墓前竖立着刻有董必武亲笔书写的"陈潭秋烈士之墓"的大理石墓碑。每年清明节都有新疆各族人民前往烈士陵园祭扫烈士墓。陈潭秋的家乡——湖北黄冈的群众自动捐资，在陈策楼竖立一尊陈潭秋全身铜像，以表对烈士的怀念和崇敬。

后 记

一代革命伟人的事迹难以尽述

写完这本记述一代伟人陈潭秋革命事迹的小册子，正好是2011年的元月。斗转星移，新的一年正是伟大的中国共产党诞生90周年纪念的日子。

陈潭秋是中国共产党第一次全国代表大会的代表，是中国共产党的创始人之一。他的一生是革命的一生、战斗的一生、光辉的一生。他是杰出的无产阶级革命家，伟大的共产主义战士。他的业绩为日月经天，永照人间。

我的这本记述一代革命伟人陈潭秋的小册子，只是对陈潭秋革命一生中表现的坚定的革命信念，坚定的革命意志；革命斗争作风；平易近人，团结战斗的作风做了明确表述。

一代革命伟人陈潭秋对革命贡献是多方面的，特别是在思想理论上的贡献，如党的建设理论、党和政府关系的理论、党关于统一战线的理论、党的地下工作理论等都可以作专门的研究和表述。

在纪念建党90周年的日子里，在建设有中国特色社会主义的今天，人们没有忘记一代伟人陈潭秋。他坚定的革命信念，坚定的革命意志和革命精神，永远激励人们前进。

所以，发扬革命伟人陈潭秋的革命精神，研究和记述他革命一生不会完结。